RAINBOW | 110

바람의 문장

유정 시집

초판 발행 2024년 2월 5일
지은이 유정
펴낸이 안창현 **펴낸곳** 코드미디어
북 디자인 Micky Ahn
교정 교열 민혜정
등록 2001년 3월 7일
등록번호 제 25100-2001-5호
주소 서울시 은평구 갈현로 318-1 1층
전화 02-6326-1402 **팩스** 02-388-1302
전자우편 codmedia@codmedia.com

ISBN 979-11-93355-11-4 03810

정가 12,000원

이 책의 판권은 지은이와 코드미디어에 있습니다.
잘못 만들어진 책은 교환해드립니다.

바람의 문장 | 유정 시집

유정

詩人의 말

말의 가시에 대해 생각했다

누군가의 말에 찔리고 난 후였다
말에 다친 상처는 쉽게 아물지 않았다

나는 봄볕처럼 다정해지고 싶어
내 속에 숨어있는 가시들을 찾아내 다듬고
햇볕에 말렸다 모서리가 둥글어질 때까지.
아직 거칠고 덜 마른 나의 말들이지만
누군가의 상처에 닿아서
따뜻한 위로가 되기를

2024년 겨울
유정

차례 시인의 말 · 4

1부 노을을 읽는 시간

작약 꽃 앞에서 _14

안개 _15

노을을 읽는 시간 _16

꽃잎 편지 _17

목련꽃이 필까요 _18

꽃의 기억 _19

삽화 _20

물그림자 _22

연민 _23

폭설이 내리는 봄 _24

제비꽃 _26

나비수국 _28

저녁 무렵 자전거 _29

빈집의 하루 _30

2부   달콤함을 숙성 중

눈물의 바깥 _34

휘파람새 _35

달콤함을 숙성 중 _36

어머니의 달 _37

오래된 골목 _38

꽃그늘 _39

가을 소나기 _40

그 골목 _41

맨발 _42

편지 _44

눈사람 _45

안부 _46

모정 _48

차례

3부 울고 싶은 날엔

여행 _52

가을 지는 저녁에 _54

황금 잉어의 꿈 _55

연서 _56

콩밭짓거리 _58

낮달 _60

능소화 _61

세시화 _62

시월 ._64

한밤중 _65

울고 싶은 날엔 _66

달팽이를 읽다 _67

바람의 집 _68

4부   눈물 꽃 당신

텃밭 일기 _72

지나가는 것 _74

어머니의 별 _76

어젯밤 _78

쑥부쟁이 _79

그 나무 _80

호야 _82

가을 둥지 _83

누구일까 _84

별이네 집 _86

눈물 꽃 당신 _88

양철 지붕 _90

무의도에서 _92

차례

5부 지워지는 것들의 눈물

분꽃 _96

요양병원 _97

엄마와 청국장 _98

커피인터뷰 _100

청춘, 허밍으로 부르다 _102

빨간 우체통 _104

고향에서 온 엽서 _106

그리움만은 어쩌지 못해 _108

나팔꽃의 사유 _110

지워지는 것들의 눈물 _111

노란 프리지어 꽃을 든 인사동 _112

시래기 된장국 _113

움켜쥐려고만 해서 내가 빨리 아득해진 걸까요
늘 경계만 하다가 귀가 점점 멀어진 걸까요
포장된 껍데기 속을 탈출한다면 그때의 나를 만날 수 있을까요

저물어가는 눈썹 끝에 희디흰 초승달이 뜹니다

- 「연민」 중에서

1부

노을을 읽는 시간

작약꽃 앞에서

성호를 긋지 않고 밥을 먹는다
밥을 먹다가 문득
사랑과 사랑과 사랑의 이름으로 아멘이라고
입 속으로 성호를 긋는다 입 안에 그어진 성호가
목울대를 넘어가다 탁 걸린다 밥알이 튄다
사랑이란 것이 본디 소리 내어 부른다고 오는 것이
아니어서 밥을 먹는 것처럼 쉽게 넘어가는 것이 아니어서
누군가를 그리워하는 것은 기도를 깜빡 잊고 밥을 먹듯
습관처럼 눈물이 튀어나와 목이 멜 때가 있는 것이다
식탁 위 화병에서 꽃송이가 함박 웃는다
지금 그 집 마당엔 오월 작약이 한창이겠다 싶어
애지중지 아끼시던 함박꽃이 그 저녁 혼자 쓸쓸하겠다 싶어
기도하듯 저 세상 저녁의 이름을 숟가락에 밥을 얹으며 불러본다
사랑해요 라고 한 번도 해보지 못한 말이 밥 속에서 빨갛게 피어난다
창으로 들어온 바람이 젖은 향기 한 장을 쓸어 담는다

안개*

꽃잎 위에 내린 물방울이 간지러워
이른 새벽 맨발로 걷는다
더듬이 같은 날개 가만히 접고
바람 소리 따라가면
어느새 목젖을 울리는 새들의 노래
연둣빛 열다섯 소녀 가슴에 사는
하얀 솜털이 올라오는 길
새벽이 그만 사르르 녹아버렸다
나 오늘 너에게 젖고 싶다

맨발이다
맨몸이다
축축하다

---

* 서울 지하철 스크린도어 시 선정

노을을 읽는 시간

기울어진 서쪽의 어깨에
봉숭아 꽃물 같은 붉은 등이 켜지네

모서리가 닳아 기우뚱해진 나
여기 서서 저물녘을 듣고 있네

그늘보다 꽃 핀 날 더 많았다고

꽃잎 편지

지난밤 이슬비 슬며시 다녀간 뒤로
창 아래 살구나무 꽃잎을 열었네요
허공으로 난 문을 밀고 들어오는
이 분홍의 향내는 누구의 입술일까요
발자국 없이 번지는 이 아련한 빛깔을
꽃잎에 띄우는 당신의 연서라고 읽으니
마음 끝에 매달린 풍경 하나가 일순
그리움을 타종합니다
닿을 수 없는 거리에서 보내온 당신의 향기
건너지 못하는 편지를 손에 쥐고
아려오는 심장 언저리 지그시 누르고 보니
어느새 꽃그늘이 지네요
살구 꽃잎 같은 봄날,
그대는 지금 어디인가요

목련꽃이 필까요

아파트 뜰 수목들이 가지치기로 소란한 아침
살얼음 추위 속에 웅크렸던 가지들 이제 막
말랑해진 볕살에 눈 비비며 기지개를 켜다가
설익은 톱날에 뭉텅뭉텅 여린 숨결이 잘려나간다

가지 끝에 돋아나던 生의 무늬가 지워지고
목련나무 울음소리가 창문을 흔들어 대던 하루
어느새 어스름 저녁이 다가와 피 흘린 팔다리를
쓰다듬는다
나무 아래 발자국도 울컥 눈물짓다 돌아서는 저녁

깊숙이 묻어 둔 푸른 머리칼을 매만지고
혹독한 겨울을 끌어당겨 보드라운 숨결로 핥아
가지 끝에 환하게 꽃눈을 물었을 입술이,
꽃대를 밀어 올리다 꺾인 목련의 희디흰 목덜미가,
숨죽이고 보낸 환절기 불면의 밤이,
베어 낸 자리마다 상처로 쏟아지는 이른 봄

토르소에도 목련꽃이 필까요

꽃의 기억*
- 나비를 기다리는

물방울 같은 당신의 눈이
너무 멀어 하염없이 서성여요

구불구불 말아 올린 긴 입술 사이로
은밀하게 내뱉던 사랑의 언약들
아직 귓가에 맴도는데

산수유 꽃살 같은 날개는
언제쯤 내 가슴에 닿을까요

자목련 화르르 피었다 지듯
기다림도 달처럼 떴다가 져요

봄빛 속에서
내 어깨 어루만지던 당신의 안부가
궁금해 오늘도 나는
휘파람 같은 꽃가루만 날립니다

* 수원시 버스 정류장 인문학 글판 시 선정

삽화

어머니의 어머니가 어린 딸과 동네 우물에서 빨아 온
이불 홑청을 볕뉘 없는 마당 가운데 빨랫줄에 널면
하얀 꽃잎 같은 이불자락이 바람에 사운거렸다
나른한 봄볕에 졸고 있던 바지랑대 턱을 높이 괴고 서서
목련꽃 봉오리를 기웃거리던
봄날이었다

햇살은 바삭바삭 달아오르다 한껏 소소리바람을 쫓고
심심한 흰 구름도 빼꼼히 걸음 멈추는 한낮의 마당엔
볕 짱짱하게 들어간 빨래들이 앞다퉈 마르는 소리가
서걱거렸다

해거름 거둬들인 빨래에선 바삭한 햇발 냄새가 났다
가마솥에 저녁을 짓고 난 아궁이 속 벌건 장작 숯이
다리미 속으로 들어가면 저녁의 한 모서리가 후끈거렸다
어머니가 머금었던 한 모금의 물이 홑청 위로 뿌려지면
뜨거운 숯불 다리미 밑동을 지나던 햇발은 금세
모락모락 구름이 되어 구겨진 시름들을
거두어 갔다

강파른 삶의 고개를 숨을 헐떡이며 넘어야 했던
외할머니와 어머니, 가슴에 접어 둔 구구절절한
사연들을 이솝우화처럼 펼쳐내 다림질로 들려주던
옛날이야기 속 숯불 다리미는 지금,
베란다 구석에서 백 살이 넘은 노구(老軀)로 앉아
저문 날의 삽화로 여전히 늙어가고 있는 중이다

물그림자*

빗방울 떨어지는 강 언저리
누군가 걸어가고 있다
향기로운 꽃이라도 피어난 걸까
어디 바람이라도 날고 있을까

더러는 길섶에 핀 망초꽃 되고
더러는 나비 되어 꽃잎에 앉는
그대 뒷모습에 비친 물그림자 하나
젖은 꽃 별이 되어 돋아난다

어디선가 날아온 흰 두루미
홀로 뜬 물그림자
콕콕 찍어내고 있는 오후

아하, 나비였구나
물 향기 피어난 꽃이었구나
그대,

* 수원시 버스 정류장 인문학 글판 시 선정

연민

내가 자꾸 기울어 갑니다
가깝다고 믿었던 것들이 아득해지고 신음처럼 흐릿합니다
소리가 멀어지고 어깨가 헐거워 중심이 흔들립니다
저녁 빛이 서늘해 잔뜩 웅크립니다

시간이란 것, 사막의 모래바람 같은 것
동쪽에서 밝아 와 서쪽으로 저물어가는 하루치의 햇볕 같은 것
움켜쥐려고만 해서 내가 빨리 아득해진 걸까요
늘 경계만 하다가 귀가 점점 멀어진 걸까요
포장된 껍데기 속을 탈출한다면 그때의 나를 만날 수 있을까요

저물어가는 눈썹 끝에 희디흰 초승달이 뜹니다
아직은 낮달이라고 우기고 싶어 누군가의 이름을 부릅니다
낡아서 해진 옷자락을 여미며 서 있는 빈 들의 바람 같은
저녁이라는 적막한 이름,
애잔한 당신

폭설이 내리는 봄

아무렇지도 않게 봄은 꽃길을 끌고 온다
목련이 피고 앵두꽃이 피고 새순이 차오르고
햇살은 이토록 눈이 부시게 흩날리고
네가 없는 봄 길에서 사람들은 웃고 떠들고

마흔둘의 생을 홀연히 놓아버리고 떠난
너의 골목길 그 끝으로 돌아올 수 없는
초승달이 눈썹 끝에서 하얗게 떨고 있었지
푸르던 너의 시간이 담장 위에서 지워지는데
봄은 여전히 한가롭게 꽃잎을 휘날리고 있다

아직 어둠 채 가시지 않은 새벽길에 껍데기를 벗어놓고
훌훌 날아가 버린 너의 아침을 만지면 가슴으로 동백 꽃잎
와르르 붉게 떨어진다 너를 가슴에 묻고 돌아오는 날
나의 봄은 이미 한 치 앞도 보이지 않는 눈보라 속이었다

아슬한 모서리 끝에 걸쳐 앉아 우두커니가 되고
눈물마다 가시 꽃이 피어나 명치 끝을 찌르는 밤
참척의 고통이 숨통을 누르는 이 폭설의 시간을

붉게 충혈된 가슴이 다독이고 토닥이고 얼러대지만

자목련 꽃잎 툭, 툭 떨어지는 너의 창으로
여전히 눈보라는 몰아치고 길은 보이지 않고

제비꽃

햇살 노랗게 앉은 수도원 계단 밑
제비꽃이 피었다
땅 속 뿌리 어딘가에서부터
겨울을 밀어내는 안간힘
깊이를 알 수 없는 그 힘의 바닥에서
한꺼번에 우우 소리를 품고 퍼 올린 생명
간질거리며 스미는 봄볕의 유혹에 겨워
어둠 중간쯤 살짝
숨도 한 번 후~욱 쉬었을 테지
이제
봄눈, 나비 되어 날아가고
남녘 끝을 돌아 나온 바람 깃털처럼 가벼워져
언덕배기 수도원 뜰 한 귀퉁이에
순명처럼 낮게 엎드린
앉은뱅이 꽃이 되었다
아무도 보아주지 않는 가장 낮은 곳
가난한 마음들을 보듬어주는
순한 꽃이 되었다
마당을 거니는 수사님 기도 소리 얼마나 풋풋하던지

봄볕도 묵주 알처럼 둥글어졌다

수단* 자락 접고 살며시 들여다보는 수사님 눈 속에

제비꽃이 환하다

— 화성 정남면에 있는 성바오로 수도원에서

---

* 수단 : 사제들이 입는 길고 검은 옷

나비수국

손바닥만 한 화분에서 자란 가지 위로
어느 날 문득 날아 온 나비 한 마리
손톱만 한 고 작은 연보라,

까마득 잊었다가 다시 피어나는 꽃잎
초승달처럼 아련하고 먼, 그 시간 위로
연보랏빛 더듬이가
어렴풋이 눈을 돌리고 있었네

저문 하늘에 숨은 그 달빛 같은 얼굴
그 첫,
세상에 단 한 번뿐인 설렘이 뒤척이고 있었네

이 가을 나는 그 첫 설렘을 꺼내
당신에게 손바닥만 한 엽서를 쓰네

차마 다 전하지 못했던 말 바람에 실어
오래도록 강기슭 갈대처럼 흔들리면서
아직도 나는 그대를 향해 가고 있다고

저녁 무렵 자전거

오래된 골목길 좁은 담벼락에 지쳐 쓰러진 당신을 보았네
휘파람 소리 새벽을 깨우며 나간 하루가 가계를 꾸리던 날들
잡초 더미 속에서 반백이 되어 두 눈을 감고 있었네

고단한 그림자를 페달에 실어 힘차게 밟고 오던 당신의 저녁
그런 날 밤이면 베개 밑으로 신음 소리 강물로 흘러내리고
당신의 허리는 잠들지 못해 온 밤을 뒤척이었지

과꽃을 즐겨 심던 마디마디 손끝이 어느새 껍질이 되어가고
마른기침 잦아진 흙투성이 발자국에 석회가 끼고 있다는 걸
적막한 시간들이 무심히 저물어가고 있다는 걸

당신의 뼈들이 시들고 부서지는 동안 철없이 피어나기만 했던
지난날이 슬퍼져 담벼락에 기대 누워 있는 당신에게

풀꽃 한 다발 눈물로 바치고 돌아서네
휘파람 소리 자전거에 실어 돌아올 것 같은
저녁 무렵

빈집의 하루

초록 대문 집 마당 한 귀퉁이 늙은 감나무에
검버섯이 피었다 멀어진 발소리를 그리다 지쳐
시름시름 낡아가는 중이다 해가 뜨고 또 해가 지는
시간은 무심하고 담장 위 빛바랜 장미는 바람의 잔기침에
흠칫흠칫 놀라 늘어진 귓바퀴에 무른 가시가 돋는다

창 아래 동백꽃은 올해도 서럽게 붉고
온기 잃은 안방 장롱 자개 빛은 아직도
반지르르 숨이 가쁘다 어머니의 집

장독대 오르는 계단엔 쭉정이만 남은 고춧대가
봄볕 두른 명지바람 기다리다 푸석푸석 말라가고
삐걱대는 손가락 구부려 항아리 뚜껑을 여닫던 손길
어디로 가고 빈 옹기 자배기 속 구름 한 점만
빗물에 젖어 얼었다 녹았다 살얼음이 뜬 곳

장항아리 속 젖은 구름과 색바랜 빗물
그들도 가끔씩은 밤이면 별도 달도 불러들여
마당가 평상에 퍼질러 앉아 웃음소리 바람결 같은

늙은 할망 바지런을 노래할라나
빈집 가득 찰랑찰랑 쓸쓸하지 않게

쉽게 열리고 쉽게 무너져 생채기 난 과녁이
찰방찰방 맨발 속에서 녹는다

달아올랐던 숲의 일기日記가
오늘 젖은 꽃으로 환생한다

-「맨발」 중에서

2부

달콤함을
숙성 중

눈물의 바깥

양파 껍질을 깐다
손톱을 세우고 한 겹 한 겹 벗겨낼수록
손끝이 아니라 눈두덩이 붉어진다

사랑으로 다친 상처는 눈물의 둥근 갈피
한 겹씩 벗겨내는 일로 기억을 지워보지만
벗겨 낼수록 슬픔은 선명해지고 겹겹이 쌓인
그리운 시간들이 껍질 밖에서 훌쩍거린다

양파 속에 감추어진 건 상처의 결
이별도 마침내는 몇 겹의 눈물을
벗겨내는 일, 벗겨내도 상처는 깊고 맵다
저 보이지 않는 뜨겁고 깊은 실연失戀
눈물의 바깥에서 아직도 글썽이는 슬픔

다시는 당신에게 돌아갈 수 없다는

휘파람새

열대야가 데리고 온 걸까 놓쳐버린 잠이 창으로 달아난 지 오래, 심야인지 새벽인지 분간이 안 되는 어둠 속에서 누군가 휘파람을 불고 있다 기타 줄 하나를 튕기듯 짧고 섬세하게 울리다가 툭 멈추고 다시 휘리릭 입술을 오므려 바람을 휘감는다 누군가의 가슴으로 날아가 울음을 전달하고 싶은 걸까 숲속 나무와 나무 사이 가지와 가지 사이를 넘나드는 짧고 긴 여운 그 고요를 타고 밤을 반납해 버린 내가 누군가의 어깨에 묻은 울음을 찾아간다 허공에 잠시 걸음을 멈추고 가장 익숙한 나무를 올려다본다 휘파람은 낯선 나무의 빨간 열매를 지나고 있다 숲을 떠나지 못해 바람이 되어버린 새, 떠나간 사랑의 찬 이마를 떠올리며 밤을 지새운 나도 울음 끝을 공중에 매달고 휘파람을 불어본다 멀리 날지 못하고 아직도 숲속을 헤매고 있을 그 이름

달콤함을 숙성 중

 오월의 바람을 먹었지 그 집 마당에는 날마다 봄볕이 놀다 갔거든 탱글탱글한 향기 흠뻑 머금을 수 있게 바람은 빛을 끌어다 꽃으로 환생케 했어 눈에 띄지 않게 숨죽인 채 피어 자칫 존재의 허무를 느낄 수 있었던 짧은 시간, 언제 피고 언제 떨어져 고요 속으로 침잠했는지 모를 슬픔, 화려함이 침묵을 이기는 것 같지만 지고 있을 때도 물들일 수 있거든 꽃 진 자리 씨방 속으로 한 여름 천둥과 번개가 다녀가고 처연한 빗줄기가 통증처럼 지나갔지만 푸르고 탱탱한 비밀이 자라고 있었던 거야 기다림은 떫고 쓰지만 숨 가쁘지 않게 천천히 속도를 따라가다 보면 슬픔은 지워지고 도착점이 보여 새들이 날개를 털고 가을볕이 몸속으로 깊숙이 내려앉는 소리가 붉은 빛깔 무늬를 만들어내지 기도가 간절하면 새의 부리처럼 끝이 뾰족해져 하늘에 닿을 수 있어 거칠고 헛헛한 내 詩의 결들이 어쩌면 달콤하고 부드러운 과즙으로 환치될 수 있을 것 같아 시고 떫고 톡 쏘는 아집을 벗고 나는 지금 볕바른 창가에서 숨소리를 죽이고 숙성되는 중, 혀끝을 녹이는 달달한 언어로 은유되는 붉고 환한 대봉시

어머니의 달

어머니의 등에 달이 떴네

첫새벽 어둠 뚫고 일어나 하루 종일
들녘에서 허리 한번 못 펴고 닳아버린 등
세월을 눈보라처럼 업고 걸어온 등

생의 한 바닥 거기 쌓이고 쌓여
동그랗고 외롭게 말아 올라가 이제는
아흔둘의 세월이 허옇게 드러난 채
볼록하게 동산 위로 솟아올랐네

적막한 바람 소리 눈시울 적시는 저녁
나는 차마 그 달을 만질 수 없어
동산 아래 가만히 구부리고 누워보네

앙상한 숨소리 내 속으로 들어와 말을 건네는
달그림자
설웁게 지는
밤

오래된 골목

풋성귀 같은 아이들 웃음소리
앞집 마루까지 들리던 낡은 골목길

어스름 날 저물도록
자치기 깡통차기 흙냄새 펄럭이다
밥 먹으라고 부르는 어머니 목소리에
아이들 하나씩 달려가 버리고 나면
골목길도 꾸벅꾸벅 졸음에 겨웁고
어느새 하늘엔 별 총총히 피어났다

골목 한쪽 평상을 펴고 앉아
지나던 사람 불러 팥칼국수
한 사발씩 퍼 주던 손때 묻은 인정이
담벼락 밑 채송화처럼 피어나던 길

오래전 버리고 떠난 허름한 그곳에 서면
아버지 자전거 소리 휘파람처럼 들리고
구부러진 길 끝 만화방에 걸려 있던
아라비안나이트가 초저녁달처럼 뜬다

꽃그늘*

세상에는 소리 없이 피었다 지는 꽃이 하도 많아서
피었다 지고 피었다 지고 그러니까 꽃이려니 하면서
꽃의 마음에는 아무도 눈여겨보지 않았다지요

언제부턴가 뜰 안 어느 귀퉁이에 몸피가 얇은 나무 한 그루
계절을 사뿐히 건너 한여름을 그윽하게 피워내곤 했는데
꾹꾹 눌러 담은 눈망울이 너무도 맑고 그윽해
뜨겁게 달구어진 그 신열을 아무도 눈치채지 못했다네요

느닷없이 밀어닥친 폭풍우를 여린 몸으로 받아 내느라
적막한 가슴 얼마나 더 적막해졌을까요
밤이면 달빛에 기대 가지 끝에 밀어 둔 꿈들을 꺼내어 보고
그렁그렁 소리 없이 눈물로 적셨을 테지요

그토록 뜨겁던 선홍의 이 여름을 내려놓고 가는 꽃잎,
못다 이룬 붉은 꿈이 못내 서러워 환하게 꽃등이 켜졌습니다
호랑나비 한 마리 꽃그늘 아래 앉아 날개 가만히 접고
조문을 하는 오후에

* 故 정소영 시인을 추모하며

가을 소나기

쓰르라미 소리 서늘히 울다 그치고
갑자기 세찬 소나기가 퍼부었다

빛바랜 붉은 백일홍 꽃송이
고개를 숙였다 한 계절이 지워진다는 것

아직 꿈꾸고 있는 씨방 안으로 서릿바람 사정없이
훑고 지나갔다 풀섶에서 우는 찌르레기처럼
갑자기 퍼붓는 소나기처럼 오는
가을,

불현듯 찾아와서는
저문 들녘 바람처럼 허방을 딛게 하고
그 어디쯤 가고 있을 내 청춘의 문장들
더듬어 꺼내 눈물짓게 하는
기운 어깨 측은한
그것

그 골목

그 골목에 가고 싶다

오랜만에 만났지만 그 사람과 허투루 보낸 시간
돌아오는 발자국에 묻은 뒷담화의 씁쓰레한 허무를
혹은 위로를 가장하고 건너오는 낯선 말의 칼날에
상처받은 마음의 하염없음을 다독다독 쓸어안던 곳

늙은 아버지의 잔기침 소리가 바람에 실려
어스름 저녁을 안고 외등 아래로 그림자를 끌고 오던 곳
부려놓은 삶이 남루해도 늘 된장찌개 같은 온기가
집집마다 불이 켜지듯 스미어들던
그 골목에 가고 싶다

문득 눈을 들어 하늘을 보면 초승달이 눈썹처럼
휘어져 내려다보던 그 저녁의 모퉁이 끝으로 한 소년이
엉거주춤 가슴에 숨긴 편지 두근두근 만지작거리던
이제는 멀고멀어 돌아올 수 없는 이름이 된
재개발 별빛이 되어버린

그 골목이 보고 싶다

맨발

비 오는 날 맨발로 걷는다 찰방찰방
풀숲에 떨어지던 빗방울 발꿈치를 들고
따라온다
토닥토닥 웅덩이를 쓰다듬다가
흙바람 껴안은 나뭇잎 한 장을 사뿐히
밀어놓는다
둠벙 속으로 가랑잎 새 한 마리 가볍게 날아 앉는다

지난밤 뒤척이던 잠은 젖은 나뭇가지에 올려놓고
흙길에 누운 잔돌들의 아우성을 발바닥으로 듣는다

뜨겁고 깊었던 여름의 고뇌가 땅속으로 숨어드는
흙더미 속에 닫혀 부화하지 못한 애벌레들의 꼼지락이
몸 비틀며 사부작 돌아눕는
뿌리를 뚫고 올라온 풀꽃들이 빗방울을 움켜쥐는
소리, 소리들

맨발의 귀가 활짝 열린다

몸 구석구석 박혀 있던 까칠한 내면의 껍질들이
젖으며 깨어진다
바람이 불 때마다 쏘아대던 화살촉이 꺾인다
쉽게 열리고 쉽게 무너져 생채기 난 과녁이
찰방찰방 맨발 속에서 녹는다

달아올랐던 숲의 일기日記가
오늘 젖은 꽃으로 환생한다

잠자고 있던 세포들이 깨어난다
맨발의 우주가 청량해진다

편지

 그 길엔 아직도 플라타너스 이파리가 서늘하다 이파리 사이로 문장 하나가 팔랑이다 사라지고 지우고 다시 올린 몇 가닥의 고백이 팽팽하다 어쩌면 그것은 한 번도 읽어 보지 못한 훗날의 연서인지도, 아니 오지 않은 이별이 었는지도, 누구라고 말하지 못하는 가슴앓이를 온몸으로 뒤척이다 화석이 된 저 푸르고 탱탱한 기다림 그 나무 아래 서서 우리들의 열다섯, 아니 열일곱 아니 아니 꽃잎 같은 스무 살의 청춘을 읽는다는 건 이제 와 새삼 이 나이에* 미완의 연애가 그립다는 것, 플라타너스 이파리 사이를 지나는 저 바람의 문장은 내겐 아직도 두근거리는 당신의 싱싱한 고백이므로

---

* 최백호의 노래〈낭만에 대하여〉부분 빌림

눈사람

까치 바람이 사르락 눈 밟으며 지나갔어요
지난밤을 뭉텅 선잠에 빼앗기고 부신 눈 비벼
창문을 여니 마당 위에 찍힌 발자국이 삐뚜름해요

아, 눈밭 길 걸어 온 아침 기별은 덜컹했어요
금쪽같은 청춘이 홀연 생의 껍질을 벗고 떠났다니요
천 근이나 되는 슬픔의 덩어리를 물고 온 까치는
눈길 밟아 밤을 걸어오는 동안 얼마나 애달팠을까요

톡톡 문자를 수신한 새의 발자국이 푹푹 젖어 있어요
어쩌나요 삼킬 수도 뱉어낼 수도 없는 참척의 아픔을
혹독하게 견디고 있을 남녘의 그녀, 문자 두드려
슬픔을 공유한다는 한 단락의 문장이 무슨 위로가 될까요
무너지는 가슴을 부축해 줄 단단한 어휘가 없다니요
행과 행이 온통 빨갛게 물들어 와르르 쏟아져요

바깥엔 누군가 새벽바람을 굴려 만든 눈사람이 서 있어요
열흘 아니 사흘이면 꽃 지듯 사라질 볼 빨간 눈사람에게
짧은 생의 깊이를 물어요 눈썹 끝에 달랑거리는 동그란
눈물은 시작일까요 끝일까요 피고 지는 일이 그렇듯

안부

  오월 숲에서 초록 초록 단내가 나요 당신이 계신 그곳도 나비의 날개 같은 연두 잎이 울타리에 기대 갸웃이 웃고 있나요 오늘처럼 자분자분 빗방울이 떨어지고 작은 새 사랑 깃에 온몸을 적시기도 하나요 이런 날 괜스레 눈물도 흘리고 어디론가 바람처럼 흘러가도 아무도 안녕이라고 말하지 않나요 말하지 않고 하루 종일 있어도 침묵의 배후를 수소문하지 않나요 더 이상 달이 기울지 않고 늘 싱싱한가요

  깊은 관절의 통증 무릎으로 동그랗게 말고 울음을 참지 않아도 되나요 이제 편안하신가요 엊그제 오월 열닷새 밤 가뭇없이 두 분 함께 머물다 가셨나요 당신이 아끼시던 덩굴장미가 초록 대문 앞에서 까치발을 들고 붉게 반기는 걸 어여쁘다 쓰다듬어 주셨나요 그곳에서도 콩나물 기르고 아랫목에 청국장 띄워 이웃들에게 나눠 주고 막걸리에 바락바락 주물러 씻어 낸 홍어회도 새콤달콤 무쳐서 앞집 성님 뒷집 동상 불러내 맘껏 수다도 떠시나요 퍼 주기 좋아하던 당신의 따사한 인정 그곳이라고 다를 게 있을까요

비 그친 한낮 뻐꾸기 소리 애처롭게 누군가를 부르고 나는 오늘 유난히 당신이 그립고 그리움에 목메어 바람 부는 언덕 애기똥풀 꽃잎처럼 노랗게 물들어요 이곳 안부는 어스름 뻐꾸기 소리에 내려놓으시고 부디 잘 계셔요

모정

그녀의 몸에선 늘 생선 비린내가 났다
제 몸보다 무거운 생선 다라를 이고
이 집 저 집 기웃거린 하루는
시퍼런 바다만큼이나 차고 깊었다
캄캄한 골목길을 헤엄쳐 들어와
비린내 펄펄 나는 몸뻬 바지를 벗어놓고
빈껍데기처럼 누워 있는 그녀의 그림자에선
밤 깊을수록 관절이 우는 소리가 들렸다
바다를 떠난 지 오래된 물고기들의
붉게 충혈된 비늘들이 구멍 뚫린 뼈 속을 유영하고
그녀는 어느새 바다가 된 몸으로
출렁출렁 꿈의 항해를 시작하곤 했다
새벽이면 다시 일어나 푸석해진 비늘을 털어 내고
부두로 나가는 그녀에게선 날파람 냄새가 났다
무릎에 스민 통증으로 발걸음 더디어지고
허리에 붙인 파스가 더 이상 위로가 되지 않을 때
그녀는 시장 한 모퉁이 생선 좌판 앞에 앉았다
돌아오지 않는 가시고기 새끼들 기다리는
그녀의 휘어진 등 위로 노을이 붉다

등 굽은 낮달이 떴다가 진다
은근한 뚝배기 속 청국장 같은 말
어디 아픈 데는 없냐고 밥은 먹었냐고
아득한 말들이 보글보글 떴다가 진다

- 「낮달」 중에서

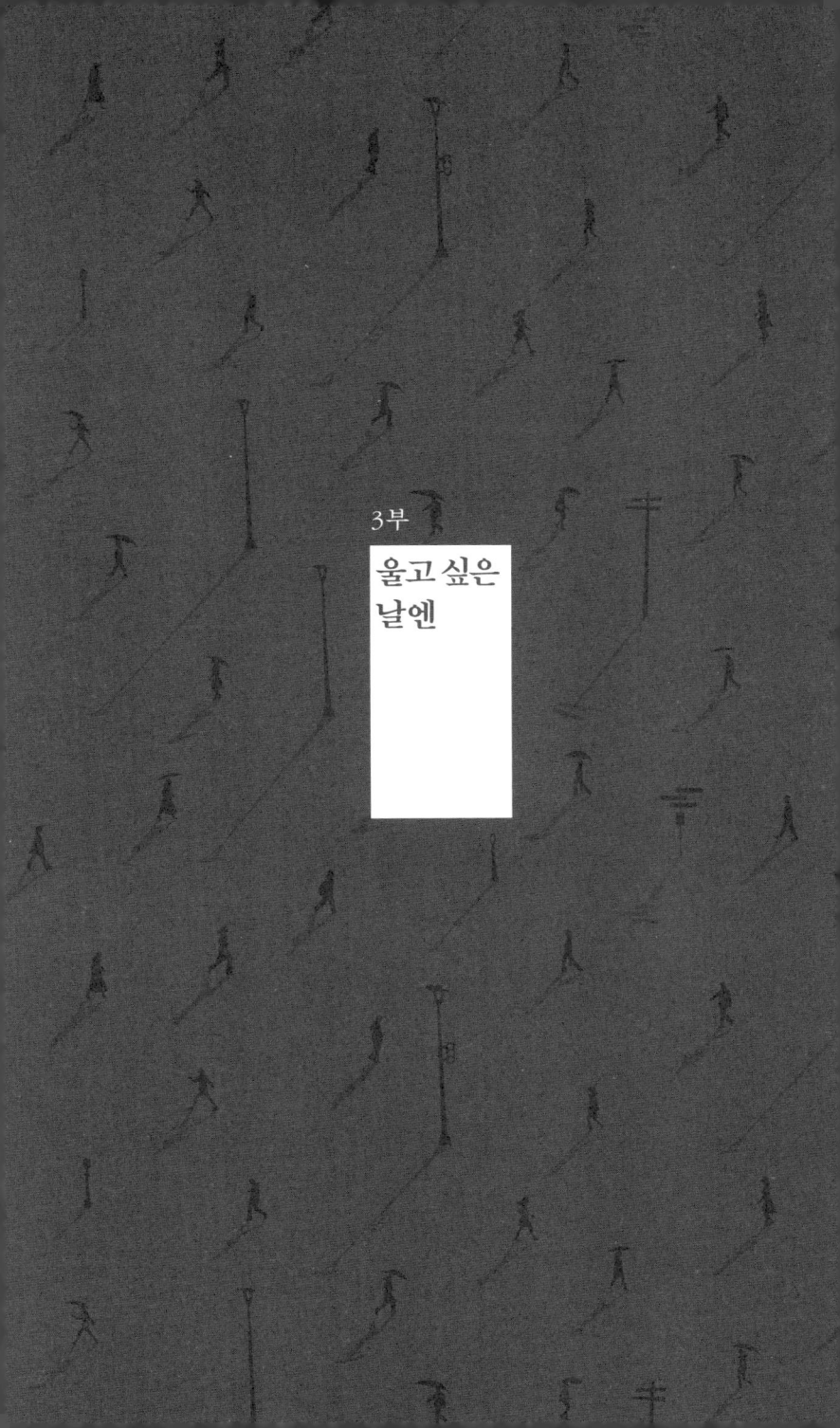

3부

울고 싶은 날엔

여행

  나는 가끔 그곳을 찾아가지 먼 기억 속엔 아주 익숙한 곳인데 갈 때마다 내가 새처럼 가볍고 낯설어 왜 매번 골목 끝으로 초승달이 뜨는지 몰라 그날도 달빛에 유인되어 칠이 벗겨진 낡고 허름한 나무문 앞에 섰어 무쇠 고리를 잡아당기자 삐그덕 문이 열리네 쪽마루를 건너 안방으로 들어갔어 벽 쪽으로 아버지가 만든 무늬가 지워진 손때 묻은 오동나무 책상이 앉아 있어 숙제를 하다가 깜빡 풋잠을 자던 겨울밤처럼 아랫목 이불 속에 가만히 발을 넣고 누웠어

  책 한 권 크기만 한 작은 천창이 보여 내가 가장 좋아하던 창문이야 분명 달그림자를 밟고 왔는데 작은 천창으로 파란 하늘이 보이고 하얀 구름이 찡긋 웃음을 짓네 나는 얼른 구름의 인사에 답하려고 '안녕'이라고 말했는데 소리가 목에 걸려 나오지 않아 벌떡 일어나 방문을 열었어 아, 머리에 수건을 쓰고 부엌 장작불 앞에 앉아 있는 사람, 요즘 들어 부쩍 목메게 그리운 이, 가마솥에 푹푹 고아지는 하얀 김처럼 설움이 올라왔어 그토록 보고 싶었는데 아무리 소리쳐도 일어날 수가 없어 꺽꺽 가슴만 움켜쥐다가 그만 새벽달에 쫓겨 돌아오고 말았어

나는 가끔 낡고 허름한 흑백사진 속에서 허우적대곤 해 초승달을 닮은 꽃신을 신고 내 유년의 두 칸짜리 작은 집으로 떠나는 여행은 늘 아쉬움으로 흠뻑 젖어 있어 잡을 수 없는 그리움이 꽃잎처럼 흩날리는 그곳

가을 지는 저녁에

바람결에 바스락 마른 잎 하나가 진다
하루 종일 걸어도 보이지 않던 나직한
그 이름, 푸른 잎사귀에 새겨졌던 그 시간
하나둘 붉게 단풍이 진다
어느 곳으로 저 간절한 이름이 지고 있는 걸까

귀를 세우지 않아도 물결쳐 오던 설레던 가슴과
코와 입 동그란 눈빛과 이마까지 흘러내린 머리카락은
서로를 빛내주던 별이었고 강물에서 막 건져 올린
은빛 물고기 통통 튀어 오르는 열정으로 숨이 가빴지

세상에 없는 집을 짓기 위해 우리는 얼마나 먼길을
달려왔을까
안부도 물을 새 없이 휩쓸려 온 이 가을 저녁까지
해지고 바랜 서글픈 걸음마다 붉게 노을이 지는지
만날 수 없어 가슴 아픈 잊지 못할, 잊히고 있는

지금은 아득히 멀어 부르지 못할
그대라는 이름 하나

황금 잉어의 꿈

 아파트 앞 골목 어귀에는 잉어가 뛰노는 강이 있지 겨우내 투명한 비닐 천막 속 강물엔 아기 손바닥만 한 잉어가 따끈따끈 헤엄치고 있지 불판을 한 번씩 뒤집을 때마다 달콤한 물고기들이 흘러나오고 하굣길 아이들은 그 강물에 지폐를 넣고 뜨거운 겨울을 입은 황금 잉어를 맨손으로 잡지 무슨 잉어가 이렇게 작으냐고 아이들이 물으면 먼 먼 강물에서 헤엄쳐 오느라 바삭바삭 몸이 마른 거라고 얼굴이 검은 캄보디아 아주머니 하늘 저편 잠깐 시선을 얹고 허연 이 드러내며 한숨처럼 웃곤 하지 흘러도 흐르지 못하는 강물을 껴안고 달콤하지 않은 삶을 달콤하게 구워 내는 아주머니 가슴엔 혹한의 추위에도 얼어 죽지 않는 황금 잉어가 살고 있지 천 원에 네 마리, 뜨거운 불판 속에서 헤엄치고 있는 물고기는 알고 있지 그리움을 찍어내고 찍어내면 언젠간 그곳으로 돌아갈 수 있다는 것을

연서*

봄꽃이 떨어지면 섬진강은 눈물로 더 깊어지고
해가 기울면 지는 꽃은 더 붉어져 흐르겠지요
해 저문 섬진강가*에서 당신을 잃었던 그때처럼

우리가 손잡고 걷던 강가엔 층층이 은빛 다정이 쏟아지고
서로에게 귀 기울이며 서로를 열망했던 저녁은 붉었죠
강물에 서성이던 산 그림자도 환하게 일어나 출렁이고
깃을 접던 새들조차 숨소리 그윽하게 서로를 껴안던
그날의 첫 고백은 매화 꽃잎처럼 또 얼마나 수줍었는지요

당신의 웃음은 목젖이 보이도록 커서 나를 가두었고
오래오래 깊고 푸르러 책 속 문장처럼 가슴에 찍혔는데
우린 왜 그 사운거리던 댓잎에 사랑을 베었을까요
사랑도 꽃잎처럼 강물에 진다는 걸 그땐 몰랐을까요

강물에 띄워 보낸 사랑의 날들이 봄이면 다시 돌아와
가슴 저 밑바닥 앙금이 된 내 울음을 꽃잎으로 건드리는 걸까요
상처가 되어버린 추억을 한 잎 한 잎 더듬게 하는 걸까요

나는 당신을 잃었지만 결코 당신을 잊지는 않았습니다
그리하여 오늘도 나는 꽃 지는 섬진강이 서럽습니다
깊어지는 그리움이 서럽다고 씁니다

* 김용택 시 「섬진강 매화꽃을 보셨는지요」를 읽고

콩밭짓거리*

콩밭 속에서 무슨 짓거리를 했냐고?

콩밭 고랑에서 콩 잎이 내어 준 그늘을 먹었어
줄기로 덩굴져 오는 콩의 젖꼭지를 빨면서 자랐지
콩밭에서 열무로 자랐다고 남의 새끼들이래
마치 몹쓸 짓 한 것마냥 짓거리라고 불러

한여름 땡볕이 콩의 등뼈를 타고 오르는
마른 한숨도 또박또박 빼놓지 않고 읽었지
남의 등골을 엿본 비밀을 갖고 있어
잎사귀가 야들야들 연둣빛이야

밤이면 눈물 글썽거리는 벌레들의 내력도
콩 이파리 사이 빗소리처럼 들었어
그래서 고랑 사이 흐르던 눈물이 그만
이파리를 핥았지 뭐야
콩과 벌레와 열무의 사랑 나눔이
하마 촉촉해 숭숭 구멍이 난 거지
서로의 비밀을 나눠 가진 흔적이야

한낮,
구멍 반 이파리 반 콩밭 사이사이 쑥쑥 자란 연한
콩밭짓거리 한 줌 뽑아다가 숭덩숭덩 손으로 잘라
매운 고추장 한 숟가락 넣고 밥을 비비면
한여름 뙤약볕 한 조각 붉게 뜨고 매운 땀방울
송글송글 여물어 양푼 속 비빔밥엔 순하고 연한
숟가락 별 다섯 개가 챙챙챙 숨 가쁘게 떴었지

콩의 단물을 베어 물고 벌레들 울음소리 나눠 가진
콩과 열무의 사랑 짓, 콩밭짓거리
언제부턴지 그들의 행방이 묘연하다고 해

* 전라도 지방 콩밭 고랑 사이에 심은 김칫거리

낮달*

콩나물밥 양념장이 혀끝에서 가물거려
엄마한테 물어야지 전화기를 들었다가
아, 참 엄마가 안 계시지 느닷없이
가슴 한쪽 출렁출렁 강물이 지나간다
엄마가 없어!
정말 없어?
먼 나라 떠나신 지 이제 겨우 스무엿새
못다 한 말 많아서 낮달로 오셨는지
문득 문득 내 손가락의 지문 같은
등 굽은 낮달이 떴다가 진다
은근한 뚝배기 속 청국장 같은 말
어디 아픈 데는 없냐고 밥은 먹었냐고
아득한 말들이 보글보글 떴다가 진다
가을걷이 끝낸 빈 들판 바람 속으로
저녁을 몰고 가는 기러기 한 마리
낙엽처럼 흘러서 지워져가는 낮달

* 2021년 서울 지하철 스크린도어 시 선정

능소화

뜰 안에서 서성이다 하루가 가고
돌담을 기웃대다 한 달이 가고
기다림은 끝내 붉은 폭염이 되었다
너울너울 분단장하고 기다리는 일
헛된 일이라는 걸 그녀는 안다

먼 꽃으로 눈을 돌린 바람은 끝내
기별조차 없는데 붉은 가슴 활처럼 당겨
허공으로 끝없는 연서를 쏜다 저녁이면
골목 모퉁이의 적막에 눈물 훔치다
연분홍 치맛자락 훌쩍 담장을 넘었다

이제 덩굴져 자라던 기다림의 끈이
툭,
저녁 빛에 떨어지고

고샅엔 아직도 한낮의 신열이 남아
뜨거운 꽃빛으로 바닥에 피어나는
낙화, 기다림의 절정
그녀의 구월이 섧다

세시화*

봄이 지는 오후, 하나둘 꽃잎이 발등을 적실 때
아무도 눈길 주지 않는 울타리 밖에서
초록 하나가 저 혼자 세를 불리며 사랑을 키우고 있었다

키운다는 건 기다리는 일, 하염없이 시간을 어루만지는 일

손길 닿는 곳마다 숨겨 둔 날개가 음표로 돋아나는 여름이
매미 소리처럼 차르르 한꺼번에 쏟아지자 잎사귀들이 일제히
바닥을 치며 일어섰다 어둠을 지나는 사이사이 바람을 가르고
햇살의 어깨가 기울어질 때쯤 한 눈금씩 자라던 사랑이 눈을 뜨고 있었다

당신이 온다던 오후 세 시,
그 약속의 시간에 장막을 걷고
장맛비조차 꼿꼿이 견디며 키워 온 기다림의 꽃잎이 연주를 시작한다
작고 여린 잎 술이 하나씩 펴지면 분홍빛 연주가 클라이맥스가 되는 시간
다섯 시, 당신이 오든 오지 않든 허공을 향해 흔드는 노래는 절정이다

하루치의 그리움이 문을 닫는 저녁, 음표들이 하나씩 떨어지고
물결치던 안개꽃 연주가 하나둘 고요 속으로 침잠한다

그래, 사랑은 늘 멀고 깊고 오래도록 기다리는 일이지
내일도 모레도

* 세시화 : 3시에 봉오리가 벙글기 시작해 5시에 꽃잎을 활짝 여는 꽃잎이 아주 작은 꽃. 일명 잎안개꽃.

시월

  매미 숲 체험공원 앞뜰에 있는 밤나무는 하루 종일 햇살 듬뿍 껴입고 살지 유난히 키가 크고 풍채가 근사하지 가끔씩 지나는 바람에게 어깨를 내주며 둥글어진 알맹이들을 툭툭 떨궈 놓곤 하지 한낮의 고요조차 참새 떼 놀이터로 내어주고 수런수런 풍경에 흐뭇해 하지 오후의 석양이 둥근 허리를 감싸면 나무의 입은 빛을 굴절시켜 부드러운 휘장을 두르고 고슴도치 같은 송이들을 혀끝으로 핥아 바깥으로 내보내지 이따금씩 바람이 세차게 불어오고 안과 밖이 더 서늘해지면 이파리들 하나둘 떠나가고 눈가 홀로 아련히 주름살 깊어지지 탱탱한 허리 어제보다 조금 더 구부정해지고 새순 같던 입가 갈피마다 옹이로 채워지지 건들장마* 서너 차례 다녀가고 나면 청솔모 발걸음도 뜸해져 생기롭던 가지들도 수척해지지

  햇볕 좋은 시월도 그렇게 떠나가지

* 건들장마 : 가을에 비가 오다가 금방 개고 또 비가 오다가 다시 개는 장마

한밤중

이슥한 밤 어디선가 목청을 찢는 소리에 잠이 깬다
아래층 신혼부부 동상이몽의 소란이 벌어졌는지
티격태격 단꿈 깨지는 소리 어둠을 잘라내고 있다
세상에 너 하나뿐이라고 온몸을 뜨겁게 불태우던
운명 같은 사랑은 어디로 가고 밤 깊도록 서로를
물고 뜯어 할퀴는 소리 상처로 흘러내릴까

닿아 있으면 짓무르고 떨어져 있으면 그리움이 되는 이름
밤하늘 빛나는 별빛이다가 깊은 어둠 한꺼번에 불러내
뼛속까지 시린 생채기를 내는 저 치고받는 악다구니라니
급기야 한밤중 사이렌 소리 들려오는 아릿한 사랑이여,

내일 아침이면 한밤중 폭설로 지나가 버릴 한파처럼
뜨거운 심장 팔딱이며 반짝반짝 팔짱을 끼고 나설 부부
잠잠해진 아래층 고요가 실없는 밤
동상이몽의 멀고 먼 그 이름, 알 수 없는 사랑

울고 싶은 날엔

강물 곁으로 달려가 강물이 된다
흔들리는 물결에 마음을 담그고 그대로
침잠해 버리면 나는 젖은 바닥이 될 것이다
바닥에 주저앉아 떠오르지 못한 모래 알갱이들의
기도를 찬찬히 들여다보고 그들의 새끼발가락을
곰곰이 어루만져 줄 것이다.

새끼발가락에는 어미의 유전자가 눈곱처럼 끼어있어
가장 작은 것이 가장 크게 올라갈 수 있다는 꿈을
간절히 품고 있는 것이다
물결이 닿지 못하는 마디에는 작은 것들의 울음들이
이끼처럼 끼어 있지만 그것은 눈물이 될 수 없는 것이다

가장 낮게 엎드려야 바닥을 볼 수 있고
바닥을 치고 올라오는 인내가 진주가 된다는 것을
시간의 파동에 몸을 맡기고 젖으며 견디고 있는 것이다
어루만진 것들이 일어서 강물에 솟구쳐 오를 때까지

울고 싶을 때 나는 강으로 간다

달팽이를 읽다

 가랑비 하루 종일 초록 위로 흘러들고 저녁의 흙냄새가 소쿠리에 담기는 텃밭 가는 길은 파랗고요 개구리밥 논물에 그렁거려요 질척한 밭둑으로 비닐 우산 속 하늘은 맨발로 첨벙이고 청개구리 한 마리 폴딱 아욱 밭으로 뛰어 들어요 거기, 잎사귀 뒤 지문처럼 붙어 있던 달팽이 놀란 가슴 천천히 더듬이로 어루만져요 가만가만, 저 천천히는 무얼까요 청개구리처럼 뛸 수도 없고 밤마다 찾아오는 그리움의 무게를 목청껏 뿜어 낼 수 없는 슬픔의 기호일까요 빠르고 단단하고 높은 것들이 행과 행을 이루는 편견의 문장엔 쉼표도 없고 느낌표도 안 보여요 얼마나 안간힘을 썼으면 연을 바꾸는 행간이 침묵으로 사뭇 축축할까요 행여 눈물도 상처도 더듬이로 달래는 저 둥근 고요를 생을 끌고 가는 여유라 쓰고, 온몸 구석구석 울음의 단락까지 밀고 가는 한 걸음을 말랑말랑한 자신감이라고 읽으니 보일 듯 말 듯 저 적막의 속도가 눈부시네요 아욱 밭 푸른 잎사귀 심연을 뚫고 까마득한 새벽을 향해 생의 깊이를 가만가만 건너가는 달팽이의 저녁 길이 논물 위에 뜬 개구리밥보다 더 파랗게 빛나요 음지 속 무른 것의 눈물이 끌고 가는 저 뭉클하고 환한 삶의 힘

바람의 집

울타리 너머
바람으로 우는 빈집 앞에 서 있다.

마당에 칡뿌리 주인 되어 앉아 있고
반들반들 윤이 나던 마루엔
녹슨 호미가 아무렇게나 누워
세월을 베고 잠을 잔다

헛간에 달린 찢어진 비닐 막은
떠돌던 바람을 잡고 아우성인데
외삼촌이 짊어지던 두엄 지게 위로
콜록콜록 기침소리가 곰팡이로 피었다

뒤란에서 숨바꼭질하던 유년의 웃음소리
감나무 아래 돌 틈 사이 파릇파릇 돋아나는데
장독대 옆 붓꽃들 무심히 피고 지며
외할머니 손때 묻은 항아리 곁을 지키고 있다.

아, 차마 푸른 녹이 덕지덕지 묻어 있는

대문을 밀지 못하고 그리운 외할머니
입 속으로 부르며 눈물 그렁그렁
버림받은 빈집 앞에 서 있다.

버려진 것보다 잊힌 것이 더 서러운
외할머니 쓸쓸한 빈집에서는
숨죽여 우는 바람 소리만 애닲다

내 어머니의 모습은 겨울이었어요.
알곡들 다 거두어 낸
빈 들판에 부는 바람이었어요.
꽃잎도 열매도 다 떨구어 내고
눈 내리는 어느 산자락에 쓸쓸히 서 있는
한 그루 산벚나무였어요.

−「어머니의 별」 중에서

4부

눈물 꽃
당신

텃밭 일기

텃밭의 새벽은 화선지에 번지는 쪽빛의 수채화다

푸른 잎사귀 위로 바람 한 줌 이슬을 떨어뜨리고
밤을 둥글려 만든 노랑이 오이꽃의 눈을 붓질하면
질감이 연한 도화지엔 투명한 물감들의 흔적으로
광합성의 파문이 일기 시작한다

호박잎이 줄기를 더듬어 꽃의 환생을 꿈꾸는 사이
가지는 손가락을 구부려 빛의 농도를 조절한다
어디쯤 줄기를 타고 올라오는 보라를 덧칠할까
행여 바람이 놓친 꿈의 빛깔이라도 읽어내듯
풀어놓은 습도와 물감의 혼합이 낭랑하고 투명하다

아욱의 잎사귀엔 오래된 기억의 끝에 달랑거리는
결이 고운 얼룩이 은행잎 따라가는 잎맥처럼 섬세하다
간밤에 다녀간 이슬비의 발걸음이 고랑 사이를 적시는
텃밭의 새벽은 물을 흠뻑 머금고 번져가는 한 폭의 풍경화

읽다 만 책 속에서 떨어진 먼먼 책갈피처럼 아련한 빛깔,

세밀화의 붓끝으로 색을 입힌 초봄 초여름의 생,
한 평 반의 작은 텃밭에서 올리는 기도가
침묵으로 다져진 향기로 짐짓 푸르다

지나가는 것

흰 두루미 한 마리
외발로 서서
제 그림자 들여다보고 있다

갈대숲을 지나온 바람을 타고
물안개 길게 날고 있는 오후
문득
강물에 비친 얼굴이 낯설다

철렁,
가슴으로 떨어지는 물소리
두드림 점점 더 커지는데
후끈 달아오른 이마 어느새
서늘해졌다

그래,
몸은 지나가는 거야
꽃일 때도 있고
그늘을 만드는 잎일 때도 있어

버릴 줄도 알아야 얻을 수도 있는 것

완경完經은 시작이라고
깃털처럼 가볍게 날아보라고

어머니의 별*

그날 아침
고향 집 마당으로 들어온
하늘은 유난히 푸르렀어요.
감나무 가지 사이로 쏟아지던 햇살도
꽃 비늘처럼 반짝였지요.
반짝이는 사랑으로 쏟아부은 보따리가
차 안으로 실릴 때까지
하늘은 그렇게 청명했어요.

아! 그러나
모과나무 이파리들의 웃음이
바람결에 사각사각 꽃가루처럼 날리고
초록이 가만히 꽃잎을 보듬어 안는 봄날에
울타리에 기대서서 손 흔들고 계신
내 어머니의 모습은 겨울이었어요.
알곡들 다 거두어 낸
빈 들판에 부는 바람이었어요.
꽃잎도 열매도 다 떨구어 내고
눈 내리는 어느 산자락에 쓸쓸히 서 있는

한 그루 산벚나무였어요.

돌아오는 하늘에 안개꽃이 한 무더기
눈물처럼 흔들리고
어느새
어머니가 만든 보따리만 한 별 하나가
가슴속 골짜기 사이로 떴어요.
사랑한다! 사랑한다!
지지 않는 빛으로
소리 내지 않고 그렇게

* 남산, 문학의 집 서울 가족백일장 장원 수상

어젯밤

잠 속으로 들어 온 당신,
뒤란에 감나무는 잘 있냐고 허리를 구부린 채 초승달처럼 물어요
여긴 가을이 깊어서 마른 낙엽이 쓸쓸하다고 대답합니다
보이지 않는 얼굴이 서럽다고 입술 끝으로 울먹이면
집 앞을 지키는 외등이 안개를 두르고 켜집니다
여전히 당신은 희미하고 언젠가 물었던 안부를 내게 다시 물어요
우리는 또 엉뚱한 물음과 대답을 주고받아요
대문 옆 강아지 예삐 집은 서쪽으로 기울어 있고
생강잎 매운 향기에 취한 바람은 마당을 돌아 나오다
쿨럭 기침을 뱉어내는데
잠 속에서도 나는 자꾸만 졸음이 쏟아져요
당신 이름을 부르면 구름처럼 사라질까 봐
밤새 잠꼬대를 하다가 깨어나는 밤,
몽환의 새벽이 외등 꺼진 골목으로 희뿌옇게 당도하고
동문서답으로 슬퍼진 눈가에 깊숙이 그늘이 진 가을이
쓸쓸히 뒷모습을 보여요
어젯밤 당신처럼

쑥부쟁이

사탕을 입에 넣고 혀끝을 오므려 동그랗게 굴리면 달콤한 맛이 들려
깨물지 않고 와사삭 부서지지 않게 물고 있으면 사르르 침이 고여
숨을 참아 봐 눈을 감아도 선명하게 보이는 그 소리, 덜 익은 사과의 풋내 같은
달달하지만 달지 않고 둥글게 말아 올린 연보라 바람 한 자락 움켜쥔 듯한

기다리는 소리는 수채화처럼 투명하지만 사라지지 않아
봄여름 다 지나고 풀벌레 울음소리 몇만 번 물결 치고 나서야
그만 들판에 흔들리는 별이 되어 버린 거지 그리움 때문에
살구꽃처럼 환하지도 않고 장미처럼 요염하지도 않은 고요
너의 저물녘 같은 살풋한 향기를 좋아해
그 하늘하늘 바람결 같은 기다림을 좋아해

달콤하고 둥근 연보라
시간이 억만 년 흘러도 별이 된 너를 그리워할게
그리움이 깊어서 가을 들판 쑥부쟁이가 된

그 나무

어느 가을
보랏빛 국화꽃 한 다발로 찾아와
은밀하게 내 안에 뿌리를 내린
당신

너무 뜨겁지도 너무 시리지도 않게
늘 곁에 서서 어깨 두드려 주며
하늘이 되고 새가 되고 구름이 되고
때론
밤하늘에 홀로 뜬 별이 되고
손톱 밑 봉숭아 꽃물 같은 초승달도 되는
내 안에서 날 꿈꾸게 하던
당신

어느새 나를 뚫고 흘러나와
깊은 그늘 드리운 나무 되었습니다

바람 간지러운 봄날
토란잎에 물방울 구르듯

소나기 푸르게 지나던 여름,
감나무 사이로 번지던 가을날의 고요
빈 나뭇가지 붙잡고 떨던 겨울밤 바람 소리

많은 날이 이렇게 새벽처럼 지나 버리고
이제서야 나 당신의 깊이를 들여다볼 줄 아는
따뜻한 눈빛 하나 가졌습니다

뿌리를 적시고 혈관을 타고 올라와
가지 끝까지 당신을 물들입니다
여전히 내게로 건너오고 있는
저녁 빛깔 같은
당신

호야

너를 꿈꾼 지 오래,
기다림이 깊어지면 외로움도 깊어진다지
너의 심연深淵은 너무 멀어서 기다리다가
머리가 희끗해졌어
강산이 한 번 바뀌었으니 조바심도 깊었을 거야
눈자위가 충혈되고 손가락에 멍이 퍼럴 때까지
꿈을 꾸고 또 꾸고 그러다 목이 마르고
새로울 것 없는 저녁 무렵이 연이어 지나가고
그러다 십 년의 시간이 흘러버렸네
흐른다는 건 사라지는 것이 아닌가 봐
햇살보다 느린 아침, 칠월의 무더위를 뚫고
드뎌 찾아왔구나 오늘,
한 송아리의 향기를 품고 건너느라 이렇게
오래 걸린 거라면 용서해줄게 외로움의 깊이는
너의 이름으로 메울 수 있어 너를 꿈꾸었으니
십 년의 기다림으로 너를 만날 수 있었다고
호야, 꿈꿀 수 있는 꽃

가을 둥지

산이 가을에 들었습니다
오련한 빛깔로 풀어 놓은 물감이
숲에서 숲으로 나비물로 번지는 낮결
풀숲에 내린 그늘의 맨살에도 무심히
홍조가 어리고 가랑잎 몇 장 뺨을 부빕니다
발 시린 까치 한 마리 호젓이 내려와
갈참나무 그늘을 콩콩 찍어 물고 날아갑니다
깜장이 날개에 감홍빛 가을이 출렁입니다
홀로 앉은 나무 의자에 갈물이 조르르 떨어지고
에돌던 가슴은 그만 단풍으로 왈칵 여울집니다
발등에 묻은 가랑잎 한 장 집으로 데려와
책장 위에 가만히 내려놓았습니다
둥근 갈피마다 쓸쓸함이 묻어나 수북하게 쌓입니다
산 그림자 물든 작은 새의 둥지 같은 가을,
가을이 붉게 내 가슴에 들었습니다

누구일까

통나무집 뒷산에서 누군가 걸어오고 있다
밤송이 푸른 가시 꼿꼿이 세우고
톡톡 엉덩이 내놓는 소리
갈참나무 잎 바스락 몸 말아 올리는 소리
청설모 입꼬리에 붙은 가랑잎
간지럽게 떨어지는 소리
몸 반짝이며 도토리 굴러가는 소리
매미 소리 지나간 나뭇등걸
맑은 하늘 파랗게 비치는 소리
바람 몸 비비며 나뭇가지
서늘히 흔드는 소리
풀벌레 툭 꺾이며 한꺼번에 우는 소리
고추잠자리 꼬리 따라
나뭇잎 천천히 물드는 소리

발자국 없이 흘러와 숲을 다 적시고
이제 울타리를 건너고 있다

누구일까

저 소리 깊어 갈수록 잠 못 들어 뒤척이게 하는
가슴에 손 얹고 설핏 눈가 적시며
끝내는 깊이 접어 둔 편지 한 통 쓰게 하는 이

별이네 집

때로는
밀물도 되고 썰물도 되어
서로가 서로에게 왔다가 가는
갔다가 다시 와도
늘 그립고 기다려지는

햇살에 반짝이던 물결
파도에 부서지듯
서로가 서로에게 상처가 되기도 하는
마음 산산이 부서져
쓸쓸할 때도 있는

그러나
해 질 녘이면 찾아와
너울너울 마음 내어주며 하나가 되고
저녁 밥상 위 된장찌개처럼
보글보글 이야기가 반찬이 되는
고단한 하루 내려놓고 토닥토닥 하루를 품어주는

흙담집 굴뚝에서 피어오르는

저녁연기처럼 편안한

고운 별* 초롱초롱 꿈꾸는 둥지

내가 사는 그곳

별이네 집

---
* 고운 : 딸 이름
  별 : 아들 이름

눈물 꽃 당신
- 故 성복환 일병이 띄우는 영혼의 편지

  그해 시월의 바람을 기억하나요. 뒷마당의 수줍은 살구가 귓불 노랗게 익어가던 첫날밤, 달빛조차 부끄럽다던 당신의 웃음을 눕히고 나는 조곤조곤 우리들의 스무 살을 쓰다듬었죠. 내 생이 그렇게 환하게 빛나던 날이 또 있었을까요. 당신의 옷고름에서 떨어지던 그 단내 나는 시간은 지상에서의 내 유일한 사랑이었다고.

  팔월의 폭염이 사립문으로 흘러들 때 어린 신부를 두고 떠나야 했던 내 이별은 누구의 잘못인가요. 학도병이라는 이름으로 포성이 빗발치는 전장으로 내몰린 나는 누구를 원망해야 할까요. 그날 당신이 삼킨 눈물은 살이 빠져나간 지금도 내 가슴뼈 사이로 흘러들곤 해요. 누가 알았을까요. 팔월과 시월 사이, 삶과 죽음의 경계에서 내 스무 살의 청춘이 백전고지 전투 두 달 만에 땅속으로 함몰되어 버릴 줄 피로 물든 시월의 바람은 눈치챘을까요.

  당신의 두 볼에 묻어있던 수줍은 향내가 그리워 밤마다 나는 살구나무 서있는 우물가 뒷마당을 찾아가곤 했어요. 차희*! 내 어린 신부여, 창호지에 비친 당신의 야윈 그림자만 바라보다 돌아서는, 다시 돌아갈 수 없는 나는 허공을 떠도는 아득한 바람. 당신이 홀로 지샌 칠십 년의 밤은 억겁의 시간이었다고 캄캄한 어둠 속 내게로 떨어지던 붉고 뜨거운 눈물.

　유해 발굴단은 오늘도 여전히 나를 듣지 못하고 가는군요. 찢어진 내 뼈들은 언제쯤 당신 품으로 돌아갈까요. 앙상한 뼛조각을 기다리다 아흔셋 눈물 꽃이 되어버린 당신, 내가 당신에게 돌아가는 날 무덤 없는 무덤가에 핀 싸리꽃 한 아름 꺾어다가 기다림으로 깊어진 당신 얼굴 닦아 줄게요. 아직도 내겐 갓 스무 살 살구 꽃잎 같은 나의 신부여!

* 김차희(93세) 여사: 1950년 10월에 전사한 성복환 일병의 배우자. 아직도 유해를 기다리고 있다.

양철 지붕

뜨거운 가슴을 가진 이가 있었네

세상의 소리 다 끌어안고 제 몸이 악기인 양
계절과 시간을 연주하는 이
가을, 플라타너스 이파리 하나 팔랑여도 흠칫 귀를 세우고
작은 새 발자국도 두근두근 갈피에 꽂아 두고 못 잊어 하는
못 잊고 못 잊다가 바람이 전해 준 풀씨 편지 가슴에 품는
사랑하는 일에 온몸을 바치는 열정이
팔월 땡볕에 달아오르면 구름조차 비껴갔네
뜨거운 입김에 손이 데일까

빗방울 지날 때면 마음 물결처럼 일렁이고
맑고 청아한 미성에 처마 밑 채송화도 숨을 죽였던
갈참나무 열매 툭 떨어지는 소리 담금주로 발효시키는
그런 날 저녁이면 챙챙챙 섬섬옥수로 나비무늬
시 한 벌 지어내던 이

느닷없는 소나기라도 들이닥친 날이면
휘모리장단으로 노래를 부르던

어쩌면 노래가 아닌 바람을 섞어 만든 눈물이었는지도
고까짓 이별 같은 거 우당탕탕 사정없이 보내버렸는지도
고비사막을 지나는 낙타처럼 거친 숨 몰아쉬고 나면
언제 그랬냐는 듯 옆구리에 품은 봄 풀씨로 써내려간
보일 듯 말 듯 작은 꽃잎 편지 보내 주던 이

내가 사랑했던 그리운 그 이름
입술을 오므려 부르고 싶은 흘러간 나의 옛사랑

무의도에서

사람들이 바다 위를 걷는다 발자국은 젖지 않고
한낮의 햇살을 사뿐히 끌고 해변으로 향한다
새우등처럼 구부러진 막막한 일상이 뛰쳐나와
푸른 바다에 손을 뻗고 환호한다

주머니에 접어두었던 웃음이 짭짤한 해풍에
잠시 투명해지고 움츠렸던 어깨가 파도를 탄다
벼랑 끝 소나무가 모래바람에 몸을 맡긴 채
갇혀 있던 입들이 내지르는 탄성에 놀라
참았던 숨을 토해 내며 그네를 탄다

파도 무늬를 껴안고 화석이 된 사자바위가
사람들의 발아래서 포효를 한다
산다는 것은 기다리다 바위가 되는 건가요?
코와 입을 가린 침묵은 기다림의 화석인가요?

해체되지 못한 두려움을 안고 사람들이 하릴없이
해변의 바위들을 산책하고 돌 틈 사이 소라게를 쫓는다
무작정 기다리면 그날이 올까요? 무늬 꽃게 한 마리가

모래 속에 온몸을 적시며 옆걸음으로 숨는다

주머니에 접어두었던 웃음이 짭짤한 해풍에
잠시 투명해지고 움츠렸던 어깨가 파도를 탄다
벼랑 끝 소나무가 모래바람에 몸을 맡긴 채
갇혀 있던 입들이 내지르는 탄성에 놀라
참았던 숨을 토해 내며 그네를 탄다

바다를 다시 걸어 발자국들이 돌아온다
바다 위에 다리를 걸어놓은 최초의 사람을 떠올리며
사랑하는 이에게로 이별했던 연인에게로
파도를 품어주는 사자*처럼 버티면서 지키자고
바닷가 횟집에 앉아 오이무침 간재미회에 웃음을 건배한다
둥지 틀던 불안이 우럭매운탕 국물에 알큰하게 녹는다

---
* 무의도 해상관광탐방로(물 위의 다리) 아래서 바다 건너 보이는 사자 모양의 바위. 중국으로부터 우리나라를 지켜준다고 한다.

꽃송이처럼 붉어지던 마음의 문이 아직 닫히지 않은 걸까요

한낮이 벌써 지고 있어요 순도 높던 햇살이
빛을 잃어가요 당신과 나의 지나버린 시간처럼

−「청춘, 허밍으로 부르다」중에서

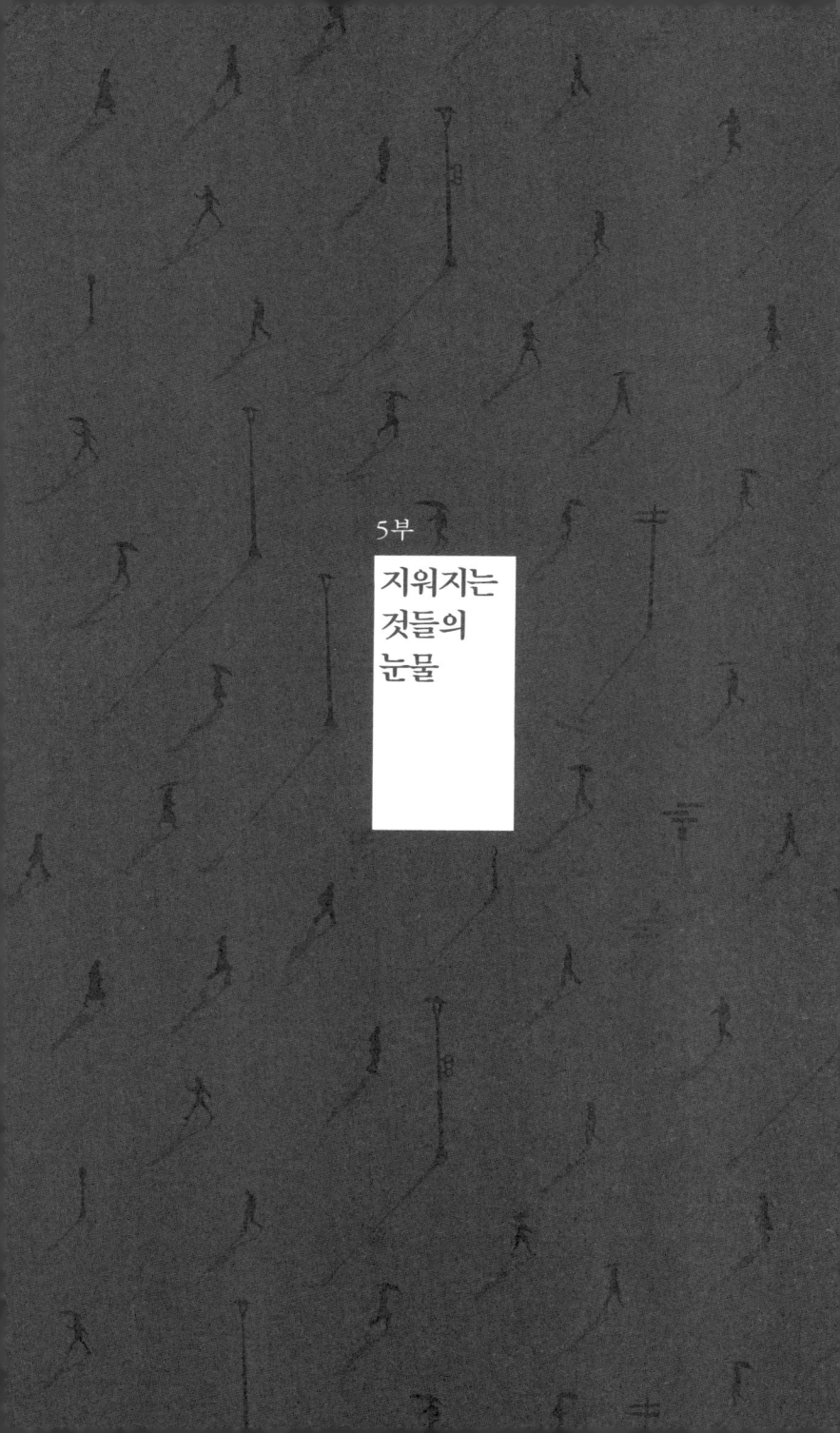

5부

지워지는
것들의
눈물

분꽃

우리가 헤어지던 날은
깜두라지 열매가 익어가고 있을 때
밭둑으로 빗방울 조금 일렁였고 마른 갈대 조금 깊어졌고
은행나무 그늘 풀숲에 몸을 풀고 노랗게 흘러가고 있었지
아직 덜 여문 우리의 연애는 그렇게 가을 속으로 떠나갔지

나는 간혹 너를 못 잊고 또 때때로 잊기도 하면서
오래오래 저물녘을 생각했지
밤이면 휘몰아치던 열망에 대해 농후한 향기에 대해
미완의 사랑에 과대 포장은 금물이라고 위안을 했지

낡고 헐렁한 날이 깜두라지 빈 꼬투리로 떨어지고
액자 속 우리의 안부가 옛날을 더듬고 있는 사이
어느 교회당 모퉁이에 한 무더기 분꽃이 피고 있었지
오후 4시에 문을 여는 꽃방, 기다림으로 흥건해진
까만 씨방이 흰 속살을 품고 여물어가고 있었지

생의 가장 극적인 순간은
그렇게 다시 만난다는 것
분꽃처럼 또다시 저녁을 향해 꽃잎을 연다는 것
뜨거운 심장을 다시 세울 수 있다는 것

요양병원

기다리는 일 말고는 할 게 없다
그저 포구에 하루를 묶어 두었다가
소리 없이 저무는 저녁에 내어주고
바람과 안개가 바다 저편으로 잦아드는 소리
밤새워 가슴 속에 부리는 일밖에는
아무것도 할 게 없다
평생 짝사랑만 하다가 바위가 되어 버린
늙은 섬,
누군가 찾아올까 바람 소리에 귀 열고
손가락만 세고 있는 적막의 섬,
가끔씩 찾아주는 발자국이 반가워도
붙잡을 수 없어
서러운 섬,
그 섬에 가면 아릿하게 저려오는 외로움이
생목으로 올라온다
한때는 푸른 잎 드리웠을 청춘의 한 자락
어디로 훌쩍 가버리고 홀로 섬이 되었을까
밤이면 달 하나가 놀러와
바람 든 뼛속을 노랗게 쓰다듬어주고 가는
생의 바다 한가운데 떠 있는
외로운 섬 하나

엄마와 청국장*

하얀 눈 소복소복 내리는 저녁
엄마의 가슴으로 만든
청국장을 끓인다

구부러진 허리에
두 개뿐인 앞니로

시래기 된장국에
밥 한술 말아 먹고
무거운 콩 소쿠리 드는 힘은
어디에서 솟아났을까?

아랫목 시루에서 청국장 뜨는 냄새
온 집 안 가득히 코를 찔러도
다섯 자식 기쁨 위해 사흘 동안
시루 옆을 지키고 있었겠지

쿵더쿵 쿵더쿵
힘겨운 절구질에
구멍 숭숭 뚫린 뼈 속까지

바람이 지나갔을 텐데

주어도 주어도 모자라는 사랑
받아도 받아도 채워지지 않는 사랑
그 사랑 목이 메어
물 한 모금 들이킨다

보글보글 뚝배기에서
엄마의 사랑이 끓고 있다

자식 입에 들어가는 건
아무것도 아깝지 않다던
등 굽은 엄마의 기쁨이
청국장 속에 녹아내린다.

---
* 2017년 (주)대교 전국 솔루니디렉터 백일장 장원 수상

커피인터뷰*

파도리 길을 따라 외길로 돌아 돌아 가면
밤새 연애편지를 쓰다가 가슴이 둥그러져 버린
스무 살의 사랑이 바다를
내려다본다

유장悠長할 것 같았던 시퍼런 청춘이
언덕 밑 바닷가에 밀려왔다 밀려간다
아늑하게 다가와 수평선 너머로 아득히 사라져 간
씨앗이었거나 새순이었거나 꽃이었던 우리들이
반짝인다

첫 마디가 연해서 마지막 마디를 채우지 못하고 떠난
못갖춘마디 사랑이 팔짱을 끼고 모래사장을
거닌다

언덕 위 찻집에 앉아 바다를 보는 게 아닌
서로의 얼굴을 만지는 데 열중한 연인들의 손짓을 읽는다
한낮의 햇살들이 절벽 아래로 떨어지는 눈부신 바다에서
긴 생머리 흩날리는 현재 진행형 오감 충만한 청춘들이

천 리 밖으로 달아난 내 과거를 인터뷰한다

내게도 처음의 설렘이 있었다고
찔레 향기 같은 풋풋한 사랑이 머물렀다고
주름 깊어진 시간 속을 거슬러 오르면
아직 그곳에 내가 있다고

---
* 충남 태안 파도리에 있는 카페

청춘, 허밍으로 부르다

당신을 부릅니다
예전엔 부치지 못할 편지 썼다 찢었다 밤을 새웠지만
이제 햇살 길게 드리운 한낮 창문을 열어 놓고
창가 한 귀퉁이 풍경 소리 들으며 지그시 당신을 씁니다

분명 기억 속 이름을 불렀는데 입 속에서 향그러운
노래 한 소절이 댕그렁댕그렁 바람을 타고 옵니다
한 손으로 턱을 괴고 허밍으로 써내려 갑니다

오래전 당신이 수십 통의 편지로 나를 불렀을 때도
지금처럼 바람이 마음을 훑고 지나갔나요
새벽별이 뜰 때까지 쓰고 또 썼을 청춘의 갈피,
우체통에 넣고 돌아섰을 때
우리들의 먼 훗날은 휘파람처럼 경쾌했겠지요

서로 다른 방향으로 창을 내고 서로 다른 나무를 심고
무소식을 수확하며 지낸 많은 날들이 익숙해지고
일상이 낡아가고 있을 때 불현듯 찾아오는 이 그리움은
꽃송이처럼 붉어지던 마음의 문이 아직 닫히지 않은 걸까요

한낮이 벌써 지고 있어요 순도 높던 햇살이
빛을 잃어가요 당신과 나의 지나버린 시간처럼

쓰다 만 당신을 곱게 접어 마침표를 찍고
기우는 저녁 해를 바라보며 우체통으로 향합니다
부치러 가요 허밍으로 부르는 멀고 먼 그 이름

빨간 우체통

길모퉁이 문구점 빨간 우체통 앞에 서면
나는 늘 꿈을 꾼다

정월 대보름 귀밝이술이라도 마신 것처럼
바늘구멍 같은 창으로 가녀린 소리들
이분음표로 뜨고
가슴 어딘가에 묻혀 있던
저 심연 깊숙이 잠자고 있던
못다 한 이야기가 애벌레로 자라서
달콤한 날개 돋을 때까지 기다리는 소리
<u>도르르 도르르르</u> 들려온다

밤새워 쓰고 또 쓰고
그래도 하마 다 못한 우리들의 꽃밭
그래서 더욱 간절하게 몸을 말고
자꾸만 동그래지는 소리
민들레도 피고 들꽃도 피는
밤이면 별도 뜨는 우리들의 정원
꽃잎 같은 내 어린 연인이 그 속에서

나비가 될 때까지 기다리다가
겨드랑이 간지러워 부비적거리며
날아오를 것 같다

어쩌면
詩가 되고 노래가 되었을,
어제가 아니고 내일이 되었을,
손으로 꾹꾹 눌러 써 지워지지 않았을
그가 아직 내게로 올 것만 같다

고향에서 온 엽서

늘상 바닷바람이 살고 있지
이곳엔 봄이 잠시, 아주 잠시 머물다 가거든
막바지 겨울이 솜바지를 겨우 벗고 지나가는
그때가 봄이라고 하지 봄바람이라고 부르기엔
코트 깃이 너무 올라가 있어 깃을 내리기도 전에
여름이 벌써 도착해버려

이곳엔 갯내음은 살지 않아 뻘이 없거든
선창가에 나가면 비릿한 냄새를 끌어안고
고깃배가 들어오지 째보선창이야
매립되어 사라졌지만 이곳에선 아직도
친숙한 그 이름 째보선창을 좋아해

어부들이 바다에서 퍼온 얼큰 달큰한 피로를
막걸리 한잔에 쓸어 담고 젓가락을 두드리던
진성 대폿집, 고장 난 배를 수리하던 철공소가
나란히 풍찬노숙으로 늙어가고 있지

파도를 잃어버린 바람이 수시로 드나들던

한국전 총탄의 흔적을 머리에 이고 있는
바람길 해망굴은 여전히 편두통 반창고가 붙어 있어

월명공원 소나무 길 계단 끝 산봉우리엔
돛을 높이 올린 수시탑이 바다를 내려다보고
저녁이면 새색시 치마폭 같은 노을을 불러들여
섬과 섬 사이 붉은 물결로 만찬을 펼치는 항구

단풍 든 은파 호수 상수리나무 숲길에도
팔짱을 끼고 걷는 연인들 어깨
물빛처럼 반짝인다고

그리움만은 어쩌지 못해

 있잖아요, 거기 허브농원이요 파란 칠이 벗겨진 테이블과 나무 의자가 여전히 귀를 열고 앉아 있고요 로즈마리 산책로엔 아직도 챙이 긴 모자를 쓴 소녀상이 시를 읽고 있더군요 페파민트와 레몬밤을 주문했죠 그때 그 겨울처럼 민트와 레몬이 찻물 속에서 향그럽게 흘러나왔어요 나는 그만 기억의 저 모퉁이를 돌아가는 당신의 모습에 닿고 말았어요 하여 우리가 심어놓은 사랑의 꽃밭을 뒤적였죠 크고 맑은 웃음소리가 향기에 섞여 자꾸만 배어 나오던걸요 당신의 선한 눈매와 조곤조곤 다독이는 음성이 둥글게 묻어나면서 날 선 내 마음의 잔등을 쓰다듬고 촉촉하게 어루만져 주는 거예요

 울컥, 그래요 울컥이 울컥, 하고 내 목울대에 걸렸어요 좋지 않은 것도 좋은 거라고 다정하게 말하던 당신이 눈물 나서요 왜 선하고 좋은 것은 먼저 떠날까요 아직 허리도 굽지 않았고 할 일은 태산 같은데요 당신과 함께 가꾼 이 동남향의 꽃밭은 견고할까요 숨을 놓을 때까지 쥐고 있었다던 詩心은 꼭 잡고 가셔요 천상에서 시집을 엮으신다면 세 번째 시집이 되겠군요 지금 어디쯤인지 물어

도 당신의 안부는 돌아오지 않고 그리움은 불쑥 찾아와 어쩌지 못해요 울음은 그만 기억 속에 넣어둘게요 캐모마일과 재스민과 라벤더와 허브의 모든 향이 사라질 때까지

– 2023년 7월19일.
故 서선아 시인을 기리며 원평 허브농원에서

나팔꽃의 사유

보이지 않는 길에 쓴 저 막막한 언어 좀 보세요
흙 반쯤 담긴 빈 화분 안에서 뽀얀 속살 내밀더니
창틈 사이 발뒤꿈치 들고 찾아든 따사한 빛살 보듬어
비밀처럼 이름도 없이 통통 살이 오르는 이 누굴까요
흰 목덜미에 내려온 삼단 같은 머리 감아올리며
해 든 창가에 몸단장하고 허공을 더듬고 오르는
저 용기는 모태로부터 물려받은 간절한 DNA,
어느 별을 휘돌아 나왔을까요 저 연약한 사유는
후미진 어느 골목길 담벼락을 지나 고층 빌딩 발코니까지
휘어지는 바람을 당기고 밀어 먼 길 돌아 당도한 집
주저앉아 울음을 터트리고 싶을 때가 왜 없었을까요
반짝였다 사라지고 다시 어렴풋 돋아나는 언어를 다듬는 인내
앗, 이제 보니 달아오른 봉오리마다 천사의 나팔을 달았어요
아침에 돋아나 저녁에 떠나는, 흩어져 없어질 문장이지만

저것 좀 보세요
아침마다 허공 밖으로 밀어 올리는 다홍빛 치맛자락
나팔꽃의 빛나는 思惟

지워지는 것들의 눈물

외할머니 집 뽕나무밭은 늘 초록 빛깔 시간이 드나들었다

느릿느릿 게으른 바람의 깃을 붙잡는 이파리들의 눈빛이
고샅을 지나는 햇살과 만나 휘파람 소리를 내곤 했다 반 벌거숭이
아이들은 그 속에서 검붉은 오디를 따먹고 나무 그늘 사이를
누비며 술래 놀이를 했다 입술에 묻은 웃음이 오디 알갱이처럼 붉었다
편견도 아집도 없어서일까 울타리 옆 우물 한 두레박의 물로도 땀방울에
젖은 아이들의 꿈은 맑게 찰랑댔다

계절은 순식간에 쏟아진 소나기처럼 떠나갔다 봄 여름 가을 겨울이 그랬다

허물어진 밭 가운데로 몸통이 삭아버린 나뭇가지 이파리 몇 장 매달고
파르르 위태하다 오디처럼 붉던 아이의 웃음소리도 휘파람 같은 햇살도
지워진 지 오래, 우물가 두레박은 흔적도 없고 서걱대는 잡초만 기웃대는지
떠나버린 초록의 시간엔 발자국이 없다 어디쯤 걷다가 지워졌을까

찬바람 한 줄기에도 바스락대는 내가 헛간처럼 낡은 그 집 앞에 서서
지워지고 있는 것들의 눈물을 본다

노란 프리지어 꽃을 든 인사동

어디선가 향기가 흘러나와요
부딪히는 어깨 너머로 노랑나비의 숨결이
비밀의 꽃밭에서 갓 새어 나온 듯 가쁘게 출렁여요

노랑은 기쁨이라고 불러요 입은 가렸어도
주고받는 눈빛이 꽃잎으로 피어나요
사람들이 걸음을 멈추고
뒤를 돌아보는 건 노랑 빛깔 때문일까요
가려진 입술에서 흘러나오는 은근한 멜로디
그건 사랑이 없으면 들리지 않는 노래죠

인파 속을 헤치고 계단을 오르고 지하철을 타고
꽃길은 아닌데 꽃길처럼 발걸음이 향그러워요

코비드로 얼어 버린 거리의 적막은 스산하고
그늘진 인사동 창문마다 수심이 가득한데

그녀들이 손에 든 노란 프리지어 몇 송이가
별이 떴다 지는 사막에 스며든 달빛처럼
눈가가 젖은 인사동을 환하게 일으켜요
봄은 다시 온다고 노란 프리지어가 말해요

시래기 된장국

싸락눈 내리는 저녁이면
어머니는 시렁 위에서 바짝 마른 무청 시래기를
한 아름 거두어 가마솥에 넣고 푹푹 삶아 내었다
채워도 채워지지 않는 다섯 입 허기가 초롱초롱
눈발이 되어 부뚜막을 지키고 있던 겨울 녘이었다

제 몸의 분신들을 지켜내기 위해 거친 비바람
살얼음 같은 세상을 건너다 푸석한 껍데기가 된 채
시렁 위에서 서러운 그늘이 되어버린 어머니
뒤란 항아리에서는 아직 당신의 굽은 시간으로 숙성된
바득한 된장이 하얀 검버섯을 껴안고 사위어가고 있다

싸락눈 흩날리는 이 저녁, 베란다 그늘에서 말린
깡마른 무청 시래기를 눈시울 적시며 삶아내
조물조물 된장을 버무려 된장국을 끓인다
어머니 가슴에서 애끓던 바람꽃이 스러져
뚝배기 속으로 보글보글 수액을 빨아들이는 중이다

유정 시인의 시는 기억의 통로에 서성이던 그리움을 소환하는 깊은 아련함이 있다. 확 트인 벌판이거나 순수의 초원 속으로 침잠하게 하는 마력이 있다. 시집 속 대부분 시의 공간이 남녘 먼 고향의 정서가 단호하게 묻어나는 편이다. 시인의 첫 시집의 총체적 메시지는 먼 고향의 향수가 듬뿍 묻어있는 삶의 여적이다.

-「작품 해설」중에서

작품해설

신비한
낯섦의
여정

| 작품해설 |

신비한 낯섦의 여정

지연희 (시인, 한국여성문학인회이사장역임)

문득, 가슴속 깊이 저장된 삶의 편린들이 꿈틀거리며 문을 두드릴 때가 있다. 맑은 하늘에 갑자기 쏟아지는 소나기처럼 스며드는 몸살을 비워내지 않을 수 없는 대상이 시를 짓는 사람들이다. 누가 시키지 않아도 관심 두지 않아도 제 감흥에 기대어 신비로운 꽃밭을 경작하거나 우주에 이르는 성탑을 세우는 장인이 된다. 무한한 창조의 바다에 손을 내어 경이로운 감동을 이끌게 하는 것이다. 어디선가 신선한 바람이 불어오고 어디선가 고요한 햇살이 심연에 머물러 거룩한 낭비를 시작하는 것이다. 그럼에도 한 편의 작품이 완성되는 순간이면 세상 부러울 게 없는 새가 되어 하늘을 날고 있다. 가난한 예술가라는 멍에를 지니고 있음에도 어깨를 곧추 세우는 우리들의 행렬은 아름답다. 오늘 한 사람의 시인을 조명하는 과정도 앞서 제시한 '우리들'이라는 시인의 한 사람을 세상에 소개하기 위함이다. 2008년 계간 『문파』에서 수필로 신인상을 받고 문단에 등단하여 깊이 있는 수필을 써 오며 필력을 높이던 수필가가 근 10년이 넘는 시문학 수업에 심취하여 시인의 반열에 발을 맞추는 첫 시집 『바람의 문장』을 출간하게 되었다. 무엇보다 섬세한 감성으로 선을 보이는 감동적인 시 65편은 시단에 새로운 인재를 맞이한다는 기쁨을 안겨주는 신선한 작품들이다.

> 지난밤 이슬비 슬며시 다녀간 뒤로
> 창 아래 살구나무 꽃잎을 열었네요
> 허공으로 난 문을 밀고 들어오는
> 이 분홍의 향내는 누구의 입술일까요
> 발자국 없이 번지는 이 아련한 빛깔을
> 꽃잎에 띄우는 당신의 연서라고 읽으니
> 마음 끝에 매달린 풍경 하나가 일순
> 그리움을 타종합니다
> 닿을 수 없는 거리에서 보내온 당신의 향기
> 건너지 못하는 편지를 손에 쥐고
> 아려오는 심장 언저리 지그시 누르고 보니
> 어느새 꽃그늘이 지네요
> 살구 꽃잎 같은 봄날,
> 그대는 지금 어디인가요
>
> — 시 「꽃잎 편지」 전문

| 작 품 해 설 |

내가 자꾸 기울어 갑니다
가깝다고 믿었던 것들이 아득해지고 신음처럼 흐릿합니다
소리가 멀어지고 어깨가 헐거워 중심이 흔들립니다
저녁 빛이 서늘해 잔뜩 웅크립니다

시간이란 것, 사막의 모래바람 같은 것
동쪽에서 밝아 와 서쪽으로 저물어가는 하루치의 햇볕 같은 것
움켜쥐려고만 해서 내가 빨리 아득해진 걸까요
늘 경계만 하다가 귀가 점점 멀어진 걸까요
포장된 껍데기 속을 탈출한다면 그때의 나를 만날 수 있을까요

저물어가는 눈썹 끝에 희디흰 초승달이 뜹니다
아직은 낮달이라고 우기고 싶어 누군가의 이름을 부릅니다
낡아서 해진 옷자락을 여미며 서 있는 빈 들의 바람 같은
저녁이라는 적막한 이름,
애잔한 당신

— 시 「연민」 전문

 유정 시인의 시는 기억의 통로에 서성이던 그리움을 소환하는 깊은 아련함이 있다. 확 트인 벌판이거나 순수의 초원 속으로 침잠하게 하는 마력이 있다. 시집 속 대부분 시의 공간이 남녘 먼 고향의 정서가 단호하게 묻어나는 편이다. 시인의 강점이다. 아득한 시절의 곱살한 편린들이 살구나무 꽃잎으로 피워나고 창 아래 분홍 향내의 입술 같은 연서를 읽게 하는 서정의 보고이다. '닿을 수 없는 거리에서 보

내온 당신의 향기/ 건너지 못하는 편지를 손에 쥐고/ 아려오는 심장 언저리 지그시 누르고 보니/ 어느새 꽃그늘이 지네요/ 살구 꽃잎 같은 봄날' 닿을 수 없는 거리, 건너지 못하는 편지를 쥐고 보니 어느새 꽃그늘이 지고 있다는 세월의 흐름을 완독하게 하여 시 「꽃잎 편지」는 다시 한번 지난 시절로 회귀하고 싶은 그리움의 서사를 쓰고 있다. '그대는 지금 어디인가요'로 마침표를 찍으며 마치 그곳으로 달려갈 수 있다는 여분의 깊은 애달픔을 그려내고 있는 것이다.

'내가 자꾸 기울어 갑니다' 시 「연민」의 도입부 첫 행이다. 삶은 늘 예측하기 어려운 곡선을 보여주곤 한다. 때로는 하루에도 몇 번씩 감정의 지수가 오르고 내리는 것이 다반사다. 그러나 오늘 시인이 제시하는 「연민」은 저물어가는 인생 전반의 도표를 그려내며 아득하고, 헐거워지고, 웅크리는 '기울기'에 대한 심도 깊은 서늘한 저녁 빛의 소묘이다. '동쪽에서 밝아와 서쪽으로 저물어가는' 서쪽 어둠의 필연적 슬픔에 대한 간극을 나타내고 있다. 이루지 못한 사랑으로 저버린 시간의 아쉬움이다. '움켜쥐려고만 해서 내가 빨리 아득해진 걸까요/ 늘 경계만 하다가 귀가 점점 멀어진 걸까요/ 포장된 껍데기 속을 탈출한다면 그때의 나를 만날 수 있을까요' 돌이킬 수 없는 시간과, 돌이킬 수 없는 그날이 폭죽처럼 선명한 그림자를 그려내는 것이다. '저물어가는 눈썹 끝에

| 작품해설 |

'희디흰 초승달'은 아직은 낮달이라고 우기고 싶은 빈들의 바람에게 저녁이라는 적막한 이름으로 부르고야 만다. 애잔한 당신을-

> 양파 껍질을 깐다
> 손톱을 세우고 한 겹 한 겹 벗겨낼수록
> 손끝이 아니라 눈두덩이 붉어진다
>
> 사랑으로 다친 상처는 눈물의 둥근 갈피
> 한 겹씩 벗겨내는 일로 기억을 지워보지만
> 벗겨 낼수록 슬픔은 선명해지고 겹겹이 쌓인
> 그리운 시간들이 껍질 밖에서 훌쩍거린다
>
> 양파 속에 감추어진 건 상처의 결
> 이별도 마침내는 몇 겹의 눈물을
> 벗겨내는 일, 벗겨내도 상처는 깊고 맵다
> 저 보이지 않는 뜨겁고 깊은 실연失戀
> 눈물의 바깥에서 아직도 글썽이는 슬픔
>
> 다시는 당신에게 돌아갈 수 없다는
> 　　　　　　　　　　　　　- 시 「눈물의 바깥」 전문
>
> 푸성귀 같은 아이들 웃음소리
> 앞집 마루까지 들리던 낡은 골목길

어스름 날 저물도록
자치기 깡통차기 흙냄새 펄럭이다
밥 먹으라고 부르는 어머니 목소리에
아이들 하나씩 달려가 버리고 나면
골목길도 꾸벅꾸벅 졸음에 겨웁고
어느새 하늘엔 별 총총히 피어났다

골목 한쪽 평상을 펴고 앉아
지나던 사람 불러 팥칼국수
한 사발씩 퍼 주던 손때 묻은 인정이
담벼락 밑 채송화처럼 피어나던 길

오래전 버리고 떠난 허름한 그곳에 서면
아버지 자전거 소리 휘파람처럼 들리고
구부러진 길 끝 만화방에 걸려 있던
아라비안나이트가 초저녁달처럼 뜬다
— 시 「오래된 골목」 전문

잊히지 않는 사랑이 있다. 실연의 아픔으로 구속된 가슴에 상처로 남은 흔적이다. 시 「눈물의 바깥」은 겹겹이 쌓인 시간들 속에 여전히 상처의 흔적이 남아 있는 연서와도 같은 순수의 사랑 이야기를 담고 있다. 견고하게 묶인 미련의 끈을 놓지 못하는 슬픔이다. 실연失戀의 상처를 양파 껍질 벗겨내듯 한 겹 한 겹 벗겨내며 흘리는 첫사랑의 눈물을 예감하게

| 작 품 해 설 |

한다. 시인은 '사랑으로 다친 상처는 눈물의 둥근 갈피/ 한 겹씩 벗겨내는 일로 기억을 지워보지만/ 벗겨 낼수록 슬픔은 선명해'진다고 했다. 유일한 대상과의 이별의 아픔은 세상을 잊는 아픔이라고도 한다. 어떤 이별이든 이별은 간장肝腸을 태우는 통한의 아픔이다. 오죽하면 극한의 선택으로 사랑의 진정한 가치를 죽음으로 표출하는 연인들도 있는 것이다. '이별도 마침내는 몇 겹의 눈물을 벗겨내는 일'이라는 사실을 통하여 시인은 감내하지 않을 수 없는 이별을 통찰하고 있다. '다시는 당신에게 돌아갈 수 없다'는 생 살점을 베던 그 시간으로-

유정의 시「오래된 골목」에 서면 저 먼 시간의 숱한 그림들이 폭포수처럼 왁자한 소리를 낸다. '푸성귀 같은 아이들 웃음소리'가 들리고 때 묻지 않은 흙냄새가 난다. 그 골목엔 무엇보다 밥 먹으라고 부르는 어머니의 목소리가 어스름 저녁 골목길에 가득하다. 세상에서 가장 아름다운 목소리는 어머니의 자장가라고 한다. 더하여 어느 시인의 바람처럼 마당에 서서 '밥 먹자' 부르시던 어머니의 목소리가 당신의 저녁(죽음)에는 남겨 주시기를 기도했다. 어머니의 목소리가 오래 잊히지 않기를 기도한 아들의 기원이다. 어스름 저녁 아이들을 부르시던 그 어머니가 그리운 건 유정 시인 못지않은 세상 모든 자식들의 마음일 것이다. '골목 한쪽 평상을 펴고 앉아/ 지나던 사람 불러 팥 칼국수/ 한 사발씩 퍼 주던 손때 묻은 인정이/ 담벼락 밑 채송화처럼 피어나던 길' 골목길은 삶의 아름다운 정서를 짚어주시던 어머니의 사랑이었음을 성찰하게 하는 작품이었다.

> 콩나물밥 양념장이 혀끝에서 가물거려
> 엄마한테 물어야지 전화기를 들었다가
> 아, 참 엄마가 안 계시지 느닷없이
> 가슴 한쪽 출렁출렁 강물이 지나간다
> 엄마가 없어!
> 정말 없어?
> 먼 나라 떠나신 지 이제 겨우 스무엿새
> 못다 한 말 많아서 낮달로 오셨는지
> 문득 문득 내 손가락의 지문 같은
> 등 굽은 낮달이 떴다가 진다
> 은근한 뚝배기 속 청국장 같은 말
> 어디 아픈 데는 없냐고 밥은 먹었냐고
> 아득한 말들이 보글보글 떴다가 진다
> 가을걷이 끝낸 빈 들판 바람 속으로
> 저녁을 몰고 가는 기러기 한 마리
> 낙엽처럼 흘러서 지워져가는 낮달
>
> ― 시「낮달」전문

이슥한 밤 어디선가 목청을 찢는 소리에 잠이 깬다
아래층 신혼부부 동상이몽의 소란이 벌어졌는지

| 작 품 해 설 |

> 티격태격 단꿈 깨지는 소리 어둠을 잘라내고 있다
> 세상에 너 하나뿐이라고 온몸을 뜨겁게 불태우던
> 운명 같은 사랑은 어디로 가고 밤 깊도록 서로를
> 물고 뜯어 할퀴는 소리 상처로 흘러내릴까
>
> 닿아 있으면 짓무르고 떨어져 있으면 그리움이 되는 이름
> 밤하늘 빛나는 별빛이다가 깊은 어둠 한꺼번에 불러내
> 뼛속까지 시린 생채기를 내는 저 치고받는 악다구니라니
> 급기야 한밤중 사이렌 소리 들려오는 아릿한 사랑이여,
>
> 내일 아침이면 한밤중 폭설로 지나가 버릴 한파처럼
> 뜨거운 심장 팔딱이며 반짝반짝 팔짱을 끼고 나설 부부
> 잠잠해진 아래층 고요가 실없는 밤
> 동상이몽의 멀고 먼 그 이름, 알 수 없는 사랑
>
> – 시 「한밤중」 전문

앞서 제시한 시인의 시 「오래된 골목」의 시에서 어머니의 모성을 경이롭게 감상했다면 시 「낮달」에서 마주치는 어머니는 이승을 떠나신 안면 부재로 존재하는 저승의 어머니일 것이다. 콩나물밥 양념장을 만들기 위해 혀끝으로 맛을 보다가, 엄마에게 전화를 하려는데 '아, 참 엄마가 안 계시지' 어머니의 부재를 가늠하고는 느닷없이 시인의 가슴은 출렁거린다. '엄마가 없어!/ 정말 없어?'라는 기막힌 사실에 가슴을 짓누른다. 이제 겨우 스무엿새 문득 하늘에는 손가락의 지문 같은 등 굽은 낮달

이 떴다가 지는 것을 바라본다. '은근한 뚝배기 속 청국장 같은 말/ 어디 아픈 데는 없냐고 밥은 먹었냐고/ 아득한 말들이 보글보글 떴다가 진'다는 것이다. 다시는 부르지도 만지지도 못하는 등 굽은 어머니의 사랑이 무참히 지워진 것이다. '가을걷이 끝낸 빈 들판 바람 속으로/ 저녁을 몰고 가는 기러기 한 마리/ 낙엽처럼 흘러서 지워져가는 낮달'을 바라보며 독자는 등 굽은 기러기 한 마리가 서서히 날개를 접고 이승을 떠나는 모습을 만날 수 있을 것이다.

시「한밤중」을 감상하며 대부분의 신혼부부가 의례로 경험하게 되는 불협화음의 단면을 감지할 수 있었다. 많은 시간을 살다보면 부부가 함께 산다는 일은 스스로가 지고 가야 할 숙명과도 같은 관용이 필요하다는 사실을 깨우치게 된다. 남과 남으로 각자의 삶의 방법으로 살아온 두 사람이 견디어야 할 일은 서로가 알지 못했던 모순을 긍정하며 이해하는 일이다. 같은 잠자리에 자면서 다른 꿈을 꾼다는 동상이몽의 관계라면 재고해야 할 일이다. 서로를 이해하고 배려하는 의지가 수용되지 못하는 잘못된 인연도 있어 부부의 연은 하늘이 베풀어 주는 은총이라는 설이 있다. '닿아 있으면 짓무르고 떨어져 있으면 그리움이 되는 이름/ 밤하늘 빛나는 별빛이다가 깊은 어둠 한꺼번에 불러내/ 뼛속까지 시린 생채기를 내는 저 치고받는 악다구니'가 잠잠해 지는 계절이 돌

| 작 품 해 설 |

아오기를 기대한다. 부부는 동심일체라 하지만 백 년 한평생 살아내는 일은 수도자의 면벽기도일 것이다.

> 산이 가을에 들었습니다
> 오련한 빛깔로 풀어 놓은 물감이
> 숲에서 숲으로 나비물로 번지는 낮결
> 풀숲에 내린 그늘의 맨살에도 무심히
> 홍조가 어리고 가랑잎 몇 장 뺨을 부빕니다
> 발 시린 까치 한 마리 호젓이 내려와
> 갈참나무 그늘을 콩콩 찍어 물고 날아갑니다
> 깜장이 날개에 감홍빛 가을이 출렁입니다
> 홀로 앉은 나무 의자에 갈물이 조르르 떨어지고
> 에돌던 가슴은 그만 단풍으로 왈칵 여울집니다
> 발등에 묻은 가랑잎 한 장 집으로 데려와
> 책장 위에 가만히 내려놓았습니다
> 둥근 갈피마다 쓸쓸함이 묻어나 수북하게 쌓입니다
> 산 그림자 물든 작은 새의 둥지 같은 가을,
> 가을이 붉게 내 가슴에 들었습니다
> — 시 「가을 둥지」 전문

> 뜨거운 가슴을 가진 이가 있었네
>
> 세상의 소리 다 끌어안고 제 몸이 악기인 양
> 계절과 시간을 연주 하는 이
> 가을, 플라타너스 이파리 하나 팔랑여도 흠칫 귀를 세

우고
작은 새 발자국도 두근두근 갈피에 꽂아 두고 못 잊어 하는
못 잊고 못 잊다가 바람이 전해 준 풀씨 편지 가슴에 품는
사랑하는 일에 온몸을 바치는 열정이
팔월 땡볕에 달아오르면 구름조차 비껴갔네
뜨거운 입김에 손이 데일까

빗방울 지날 때면 마음 물결처럼 일렁이고
맑고 청아한 미성에 처마 밑 채송화도 숨을 죽였던
갈참나무 열매 툭 떨어지는 소리 담금주로 발효시키는
그런 날 저녁이면 챙챙챙 섬섬옥수로 나비무늬
시 한 벌 지어내던 이

느닷없는 소나기라도 들이닥친 날이면
휘모리장단으로 노래를 부르던

— 시 「양철 지붕」 중에서

 한 편의 시가 어느 시름에 싸인 사람의 마음을 감동으로 위로해 줄 수 있을 때 세상 그 무엇도 필요치 않은 기쁨이 된다. 시 「가을 둥지」는 바로 그와 같은 감동의 언어들로 굴림하고 있다. '산이 가을에 들었습니다'라는 첫 행의 감각적 표현만으로도 눈을 뜨게 된다. 산자락을 스쳐 지나는 바람의 맑은 울림과도 같은 깊은 감동으로 주목하게 했다. 유려한 환유법으로 산이 주체가 되고 계절이 객체가 되는 비상한 관계를 접목시켜내는 구성이

| 작 품 해 설 |

신선하다. 시의 언어는 끊임없는 창의성으로 낯섦의 여정이 되어야 한다. 산과 계절을 구심점으로 숲과 숲의 공간을 지배하는 곱고 엷은 가을의 은은한 풀숲에 내린 그늘의 맨살에도 무심히 홍조가 어리고 있다. 가랑잎 몇 장 뺨을 비빈다는 낭만의 계절을 앞에 두고 경이로운 자연의 아름다움을 만끽하는 것이다. 오묘한 빛깔이 풀어 놓은 가을 산의 물감은 숲으로 숲으로 번져 마침내 여물고 있다. 팔레트 위에 가득한 단풍의 유희는 가랑잎으로 떨어져 온 산을 흔들어 놓고 있다. 시 「양철 지붕」을 읽는다. 참 오랜만에 마주하는 이름이다. 뜨거운 가슴을 가진 이가 양철 지붕이다. 한여름 펄펄 끓는 양철 지붕 땡볕은 손이 데일 만큼 뜨거웠다. 굴곡진 지붕의 틈새에 가느다란 풀꽃의 생명을 피우기도 했던 양철 지붕은 모던한 정감을 내장한 신사였다. '세상의 소리 다 끌어안고 제 몸이 악기인 양/ 계절과 시간을 연주하는' 육화된 인물이 양철 지붕이고 양철 지붕의 주인이었다. 이 시는 양철 지붕이라는 사물성이 가슴 뜨거운 인물의 존재로 육화되어 악기를 연주하고 노래를 부르는 다재다능한 사람으로 성립된다. 바람이 전해 준 풀씨 편지 가슴에 품는 연인이 되는 설렘의 공간이기도 했다. '느닷없는 소나기라도 들이닥친 날이면/ 휘모리장단으로 노래를 부르던' 장인이었다. 양철 지붕 위에 떨어지는 빗방울 소리는 장엄한 심포니오케스트라 연

주를 들려주던 신비로운 공간이다.

    길모퉁이 문구점 빨간 우체통 앞에 서면
    나는 늘 꿈을 꾼다

    밤새워 쓰고 또 쓰고
    그래도 하마 다 못한 우리들의 꽃밭
    그래서 더욱 간절하게 몸을 말고
    자꾸만 동그래지는 소리
    민들레도 피고 들꽃도 피는
    밤이면 별도 뜨는 우리들의 정원
    꽃잎 같은 내 어린 연인이 그 속에서

    나비가 될 때까지 기다리다가
    겨드랑이 간지러워 부비적거리며
    날아오를 것 같다

    어쩌면
    詩가 되고 노래가 되었을,
    어제가 아니고 내일이 되었을,
    손으로 꾹꾹 눌러 써 지워지지 않았을
    그가 아직 내게로 올 것만 같다
                        - 시 「빨간 우체통」 중에서

| 작 품 해 설 |

울타리 너머
바람으로 우는 빈집 앞에 서 있다.

마당에 칡뿌리 주인 되어 앉아 있고
반들반들 윤이 나던 마루엔
녹슨 호미가 아무렇게나 누워
세월을 베고 잠을 잔다

헛간에 달린 찢어진 비닐 막은
떠돌던 바람을 잡고 아우성인데
외삼촌이 짊어지던 두엄 지게 위로
콜록콜록 기침소리가 곰팡이로 피었다

뒤란에서 숨바꼭질하던 유년의 웃음소리
감나무 아래 돌 틈 사이 파릇파릇 돋아나는데
장독대 옆 붓꽃들 무심히 피고 지며
외할머니 손때 묻은 항아리 곁을 지키고 있다.

아, 차마 푸른 녹이 덕지덕지 묻어 있는
대문을 밀지 못하고 그리운 외할머니
입 속으로 부르며 눈물 그렁그렁
버림받은 빈집 앞에 서 있다.

버려진 것보다 잊힌 것이 더 서러운
외할머니 쓸쓸한 빈집에서는
숨죽여 우는 바람 소리만 애달프다

— 시 「바람의 집」 전문

디지털 전자식 시대 이전을 살았던 사람들에게는 「빨간 우체통」이 지니고 있는 특별한 감정을 느끼게 된다. 핸드폰이나 e-메일과 같은 첨단문물들로 실시간에 편지를 보내고 편지를 받는 오늘날과는 첨예하게 다른 아날로그 시간 속에서 살아온 까닭이다. 썼다 지웠다 정성껏 써내려간 편지를 봉투에 넣고 우표를 붙여 빨간 우체통에 넣고는 몇 날 며칠을 마음 졸이며 답장을 기다리던 연인들이 있었다. 손끝에 만져지는 순연한 감각의 편지지를 들고 가슴 울렁이던 아름다운 사람들의 흔적은 지워지지 않는다. '밤새워 쓰고 또 쓰고/ 그래도 하마 다 못한 우리들의 꽃밭'은 빨간 우체통이다. 빨간 우체통을 시인은 객관적 시선으로 바라보지 않았다. 시인은 우체통을 자신의 절대적 주체로 인식하며 꽃을 피우는 정원으로 가꾸었다. 더불어 그 안에 무궁한 상상의 세계를 열어내는 공간을 만들었다. '어쩌면/ 詩가 되고 노래가 되었을/ 손으로 꾹꾹 눌러 써 지워지지 않았을' 빨간 우체통은 유정 시인의 무한한 정서가 깃들던 꿈의 공간이다.

시 「바람의 집」은 우는 빈집이 담고 있는 조락의 역사를 점묘해 내고 있다. 되돌아 자리할 수 없는 외할머니 평생의 삶을 조근조근 다듬고 있는 길을 따라가다 보면 보석과도 같았던 삶의 편린을 반추하게 된다. 반들반들 윤이 나던 마루엔 녹슨 호미가 아무렇게 누워 세월을 베고 잠을 자고 있다.

| 작 품 해 설 |

절실하게 집을 비운 할머니의 부재가 남긴 허망의 현장이다. 외삼촌이 짊어지던 두엄 지게는 곰팡이 꽃이 피었다. 장독대 옆 붓꽃은 무심히 피고 지며 할머니의 손때 묻은 항아리를 지키고 있다. 푸른 녹이 덕지덕지 묻어있는 대문을 밀지 못하고 그리운 외할머니를 부르다가 눈물 그렁그렁 머금고 버림받은 빈집 앞에 서 있던 시인의 모습이 처연하게 다가온다. 폐허의 그늘이 푸석하게 깊어진 바람의 집은 버려진 것보다 잊어지고 있는 슬픔을 안타깝게 안고 있다.

유정 시인의 첫 시집의 총체적 메시지는 먼 고향의 향수가 듬뿍 묻어있는 삶의 여적이다.

바람의 문장

바람의 문장

유정 시집

RAINBOW | 110

바람의 문장

유정 시집